教师职业发展与减压丛书

高中教师减压手册

GAOZHONG JIAOSHI
JIANYA SHOUCE

丛书主编：高峰强

主　编：陈英敏

副主编：石雷山　吕传鲲

华东师范大学出版社

总序

"十年树木、百年树人","百年大计、教育为本"。教育不仅关乎个人的发展、个体的命运,而且承载着薪火相传、民族兴衰、社会进步的历史重任。教育的神圣使命最终要依靠教育的执行者、实施者——教师来完成。正因为如此,古今中外,人们给予"教师"这一职业以极高的评价或界说:"师者,所以传道、授业、解惑也。""教师是太阳底下最光辉的职业。""教师,是辛勤的园丁。""教师是人类灵魂的工程师。""春蚕到死丝方尽,蜡炬成灰泪始干。"……这些描绘中既有对教师基本职责的框定,也有对教师崇高的牺牲、奉献精神的赞誉,但也暗含了教师这一职业的艰辛与悲壮。

压力与神圣同在,艰辛与使命并存,教育的神圣性决定了教师这一职业责任重大,任重道远! 自古至今,概莫能外。但伴随着社会的快速发展,人们承受的压力与日俱增,教师这一职业的压力变得尤为突出。作为一名教师,除了要承受一般的生活压力外,还要承受职业压力。教师的职业压力与我们国家长期以来实行的应试教育体制密切相关。"一考定终身"的残酷现实使得全社会都把升学率、考试分数作为衡量一个学校、一名教师教学质量、教学水平的主要甚至是唯一的指标。教师的职业压力来自方方面面——社会要高素质人才,学校要升学率,家长要考试成绩,而学生要自由快乐……这众多的诉求如同一座座大山重重地压在教师的肩头。作为自然普通的存在,教师是人而不是神,他们能做的只有全身心投入到这场没有尽头的博弈中。教师的压力首先表现为"劳力":备课、讲课、批改作业、辅导学生、管理班级、家访……教师每天的工作时间远远超出 8 小时,"早'五'晚'十'"成为许多教师尤其是高中教师真实生活的写照。这还在其次,教师真正的压力在于"劳心":现在的学生越来越有个性,加之他们正处于自我同一性形成与定型的阶段,因此越来越难以管教;家长的要求越来越苛刻,维权意识越来越强,教师稍有疏忽或失误,就可能被问责,甚至被告上法庭;学校对教师的要求也越来越严格,各种指标、考核、检查"接踵而至",无休无止;同事之间竞争日趋激烈,大家都不甘落后,互不相让;职称评审的条件越来越高,越来越难……此外,中国正在进行的基础教育改革和高考制度转型在短期内不仅没有给广大教师减轻压力,反而不断施压;改革的探索、尝试、不成熟都使得教师不得不"两条腿"走路,既要适应新的教改要求,还要继续为"升学率"战斗!游走在两种体制之间,他们常常无所适从,心力交瘁!《南方周末》2015年 1 月 22 日文化版谈及 2014 年的中国网络舆情:"……比如扶弱抑强的'罗宾汉情结',把官员、警察、城管、医生、教师妖魔化为'网上黑五类'。"这是继"文革"期间教师被标签化为"臭老九"之后又一次"榜上有名"。同期还发表对著名作家严歌苓的专访,谈及她的一部新作《老师好美》,读后令人唏嘘:"教师怎么了? 做教师好难!"

种种压力交织在一起,久而久之,必然导致教师的身心出现各种问题。例如,职业倦怠,诸多研究表明,教师是职业倦怠的高发群体。许多教师患有各种慢性疾病——胃溃疡、高血压、心脏病、神经衰弱……有的老师甚至倒在了三尺讲台上——因过度疲劳晕厥,甚至因心肌梗塞不再醒来;有的老师不堪重负,选择自杀来逃避永无休止的压力;有的老师,把自己的焦虑、抑郁、愤怒、无助等情绪发泄到学生、同事、家人身上,结果酿成很多学校悲剧和家庭悲剧。每一个悲剧的后面常常掩盖的是一颗颗焦灼、病态的心灵,而这病态心灵的背后,过大的职业压力往往才是真正的刽子手!

我作为已从教 20 余年的教师,对这一职业的酸甜苦辣、喜怒哀乐、起落沉浮、悲欢离合自然有着切身的体认和透彻的体悟。因工作的关系,平日里我与大中小学校领导、教师有过或多或少、或深或浅的交流和交往；因科研的需要，我对不同层级的教师进行过或集中或分散、或群体或个案的调查研究和咨询辅导；因专业的性质，我热衷于或"被迫"在大礼堂、报告厅或教室里举办过有关教师心理保健方面的正式学术报告、科普宣传、团体培训。近年来我和本丛书分册主编们先后承担过数项有关教师教育及专业成长方面的国家级、省部级科研项目，涉及教师工作压力、职业倦怠、应对策略、心理健康、社会支持、集体效能等众多领域，完成了 20 余篇博士、硕士学位论文和 30 多篇研究报告。我一直想把这些加以充实整理、概括提炼，以形成一个完整的体系，编撰一套有关教师专业发展与减压方面的丛书。我与几位同道中人（本丛书分册主编们）坐下来稍作交流便一拍即合，达成共识——值得做。我们经协商确定了丛书的编撰原则：学术性、趣味性并重，科学性、可读性共存，规范性、实用性一体，针对性、操作性交融；丛书的写作的要求是：丛书主编整体把关，分册主编"分头用兵"，各册撰稿人员文责自负。

尽管丛书以教师减压为主线，但教师专业发展和职业生涯规划是基本前提，教师的专业胜任力和生涯规划对压力感受而言至关重要，所以专门撰写一本《教师职业生涯规划与发展》，以发挥引领性、普惠性的作用。至于将教师分成小学、初中、高中、大学四个群体，则基于尽管大家都是教师，但因直面的教育对象和承担的任务各有侧重：小学教师面对的是天真的孩童，一半机灵一半懵懂；初中教师面对的是躁动的少年，一半幼稚一半成熟；高中教师面对的是拼命的考生，一半困惑一半清醒；大学教师面对的是迷惘的学子，一半清高一半失落。就小学、初中、高中教师而言，育人的责任似乎胜过教书；就基础教育来说，完成教学任务是本职或天职，而就大学尤其是重点大学来讲，教师的科研负担压力山大。《小学教师减压手册》、《初中教师减压手册》、《高中教师减压手册》、《高校教师减压手册》各自为战且目标一致：减压，以获致针对性、适切性的效果。

本套丛书的出版也颇费周折：初稿已经成型时，原约稿的出版社因领导更换，莫名其妙地将原定的口头协议废止，致使丛书"几近胎死腹中"。我们另寻觅了几家出版社，虽对选题和内容很感兴趣，但关于体例和字数等各执己见，难以达成共识。正值尴尴难解之际,华东师范大学出版社教育心理分社社长彭呈军先生慧眼抬爱、鼎力襄助,决定出版本丛书。至今仍未谋面的孙娟编辑不辞辛苦,前后张罗,使丛书以最快的速度、最佳的风姿呈献在广大可亲、可爱的教师面前,在此谨代表作者和读者一并鞠躬致谢。书稿写作过程中,我们查阅、参考和引用了大量国内外的相关研究成果和资料,在此谨向注明或未注明的文献作者表示真挚的谢意。本丛书是山东省应用基础型人才培养特色名校建设(应用心理学专业)的一项成果,在此特作说明。

高峰强

2015 年 2 月 11 日(农历小年夜)谨识

目录

目录

第一编

基础

第一章

白首方知身心累
——压力与职业压力

　　当今社会,竞争日益激烈,工作、生活节奏不断加快,人们感受到的压力越来越大。人类正生活在一个充满压力的时代。心理学家们不禁感叹:压力在全球大流行。生活就好似一根小提琴弦,没有压力,便不会奏出乐声,但如果绷得太紧,琴弦就会断掉。只有正确地认识压力,才能使它与您的生活和平共处。那么什么是压力? 现代人的主要压力来源有哪些? 它们究竟给人们带来哪些危害呢? 在这一章,我们将为您揭开压力的神秘面纱。

第一节

天将降大任于斯人
——压力：现代人的困境

一、什么是压力？

（一）压力的概念

视窗 1-1

压力的定义

（1）刺激说理论模型

刺激说认为压力就是作用于个人的力量或刺激，从而导致人的紧张反应。该理论模型把压力定义为能够引起个体产生紧张反应的外部环境刺激，如失业、失恋、天灾、贫困等。其关注的核心在于何种环境能够使人产生紧张反应，强调的是人的一种生理反应，这是一种早期对工作压力分析的观点。这一派的观点主要集中注意压力刺激的实质，关心压力的来源是什么，主要强调压力的外部因素，而没有考虑到个人对压力程度的感知和评价，也没有注意到个人对压力反应的处理策略。

（2）反应说理论模型

反应说认为压力是由于环境刺激物的影响，使人们呈现出的一种心理反应。这一理论把压力看成是人的主观感受，它着眼于人们对待压力的体验和认知，并且认为工作压力是以反应为基础的模式，强调人的心理和精神方面。

［资料来源］蒋宁：《工作压力理论模型述评》，《现代管理科学》，2007 年第 11 期，第 57—59 页。

压力,英文为 stress,有应激、紧张、紧迫和重压的意思。在物理学中,压力具有客观属性,是指垂直作用于流体或固体界面单位面积上的力。心理学上对于压力的定义有很多种,现代国际心理学界比较公认的压力定义是由心理学大师拉扎勒斯(Lazarus)和弗克曼(Folkman)共同提出的。拉扎勒斯等人从需要与应对之间的关系入手,把压力定义为"需求与压力源之间的不匹配"。显然,他们将压力定义为真实存在的或知觉到的心理社会压力。按照拉扎勒斯和弗克曼的观点,个体所感受到的压力既不完全来自客观,也不完全来自主观,而存在于主客观的交互作用之中,是需要超出正常适应反应时的任何状况。

由此可见,心理学中所谓的压力,不仅仅指外部的客观刺激,更强调个体内部的主观心理感受与体验,侧重精神层面。因此,心理学所谓的压力是指由压力源和压力反应共同构成的一种认知和行为体验过程,它由压力源引起,最终表现为一系列的身心反应。

(二)压力源

压力有时令人感到透不过气来,但如果我们能够清楚它的出处,也就是找到压力源,一切便可以防患于未然。压力源是指具有威胁性或伤害性并给人带来紧张感的事件或环境。生活中处处可见压力源,它可能存在于我们自身,也可能存在于环境之中。压力源可分为四类:躯体性压力源、心理性压力源、社会性压力源和文化性压力源。

躯体性压力源是指直接作用于机体的刺激物或直接阻碍、破坏个体生理行为的事件,包括各种物理刺激和生理刺激,如饥饿、躯体创伤、高温、低温、强烈的噪声和疾病等。

心理性压力源是指阻碍和破坏个体正常精神需求的内在事件和外在事件,包括错误的认知结构、人际关系的冲突、个体的不良经验、个体的强烈需求、道德冲突、长期生活经历造成的不良个性心理特点以及能力不足与期望过高之间的矛盾等。

社会性压力源包括客观的社会学指标(如经济、职业、婚姻、年龄、受教育水平等差异以及这些指标的变迁）、个人的社会交往、生活和工作变化以及重大的社会经济变动等。社会因素是影响心理活动及行为的基本因素，作为压力源的社会文化、社会关系、社会工作及生活环境等，都能够引起人的心理活动变化及行为的改变。

文化性压力源是指由于语言、风俗习惯、生活方式、宗教信仰等改变造成的刺激或情境，比如移民、留学等。

（三）压力反应

当人们面对压力时会产生一系列生理和心理的反应。这些反应在一定程度上是机体主动适应环境变化的需要，它能够激发机体的潜能，增强抵御能力。但是，如果反应过于强烈或持久，超出了机体自身调节和控制的范围，就可能导致生理、心理功能的紊乱，进而产生身心疾病。压力反应通常表现在生理反应、心理反应和行为反应三个方面。

1. 生理反应

压力感出现初期，容易使人产生生理反应，主要表现在中枢神经系统、内分泌系统和免疫系统等方面，例如心率加快、心肌收缩力增强、血压升高、呼吸急促、各种激素分泌增加、消化道蠕动和消化液分泌减少、出汗等。这些生理反应调动了机体的潜在能量，提高了机体对外界刺激的感受和适应能力，从而使机体能更有效地应付外界环境条件的变化。但过度的压力会使人出现口干、腹泻、呕吐、头痛、口吃等状况，如果这些反应成为持续性的病理改变，就可能进一步发展成生理疾病。

视窗1-2

"一般适应综合征"（简称 GAS）

加拿大的内分泌学家 Hans Selye 通过研究发现持续性高压会引发机体产生一些非特定性的适应性生理反应，Selye 称其为"一般适应综合征"，这个症状包括具有连续性的三个阶段：警觉反应阶段、抗拒阶段和衰竭阶段。

警觉反应阶段是大脑控制使身体做出应付压力的准备阶段，它由各种生理变化组成，这些生理变化使受到威胁的有机体能迅速地恢复正常的功能。不论压力来源是身体方面的还是心理方面的，警觉反应都由几个相同的一般形态的生理变化所组成。这或许可以解释为什么罹患不同疾病的人们却似乎都会抱怨着相似的症状，诸如头痛、发烧、疲倦、肌肉紧张和没有胃口等。警觉反应是动员身体的防御系统来恢复体内平衡的过程。

如果个体持续处于压力环境中，就会对压力来源进行阻抗，即进入抗拒阶段。在这个阶段中，个体已发展出对压力来源的抗拒，即使压力刺激继续出现，第一阶段出现的症状也都消失了。另外，在警觉反应阶段被搅乱的生理历程，这时也都恢复到正常状态。脑垂体前叶与肾上腺皮质大量分泌激素，似乎有助于增加个体对压力来源的这种抗拒力。

如果问题能够在抗拒阶段中的一段时间内解决，则身体可以恢复到正常的平衡状态；如果个体继续暴露于有伤害性的压力来源中的话，就很可能无法维持其阻抗反应，这时就进入了枯竭阶段。在枯竭阶段会出现两种结果：一种是返回到警觉反应阶段，再动员其他系统或器官去应付造成压力的因素；另一种则是身体长期处于抗拒外来压力或威胁的阶段，处于一种紧张和消耗体能的情况中，长时间后会导致身体构造和功能受到损害，若发展成为病态情况的话，则可能导致极端衰竭，甚至死亡。

当暴露在长期性压力的实验室中的动物终于死亡后，Selye解剖它们的身体，发现它们肾上腺肿大，淋巴结和胸腺（参与了免疫作用的器官）萎缩，胃部布满充血的溃疡。可见长期持续的压力已造成它们身体组织的大量破坏。

[资料来源]理想：《减压减出好心情》，中国纺织出版社，2006年版，第44—46页。

2. 心理反应

压力引起的心理反应有警觉、注意力集中和思维敏捷等，这些反应有助于个体适应环境。但过度的心理反应，如过分不满意、紧张、焦虑、忧郁、愤怒或情绪低落，会使人自我评价降低、自信心减弱，表现出消极被动，形成"习得性无助"或无所适从。

视窗 1-3

习得性无助的实验

"习得性无助"最早由奥弗米尔和塞里格曼提出,他们通过对狗进行电击实验发现,如果狗曾受到不可预期且不可控制的电击,它们就会形成一种认知,即电击是由外力施加的,自己没有能力控制与改变这种外界的刺激,于是习得了一种无助感。即使后来有机会逃离电击,它们也会变得无力逃离,并且还会表现出沮丧和压抑、主动性降低等其他方面的缺陷,这种现象被称为"习得性无助"。后来这种现象在动物和人类研究中被广泛探讨。

"习得性无助者"的特点

1. 低成就动机:成就动机指个体希望从事有意义的活动并在活动中获得满意结果的内在心理动力。"习得性无助"的个体成就动机低,往往不能给自己确立恰当的目标,学习、工作时漫不经心。他们对于失败的恐惧远远大于对成功的希望,因而不再指望自己成功。

2. 低自我概念:自我概念指个体对于自己的生理、心理及社会适应性等方面特征的自我知觉和自我评价。它能够为个体提供自我认同感和连续感,帮助调节和维持个体的行为,对于个体的存在和发展具有重要意义。"习得性无助"的个体在生理特征、心理特征等各个维度上的自我概念均低于一般人。他们态度消极,对工作毫无兴趣,与同伴相处时自卑多疑,认为自己不受欢迎,因而与同伴的关系日渐疏远。

3. 低自我效能感:自我效能感指个体在执行某一任务之前,对自己能够在什么水平上完成该任务所具有的信念、判断或自我感受。"习得性无助"的个体自我效能感低,他们对自己能否完成任务持怀疑和不确定态度,倾向于制定较低的任务目标以避免失败的体验。

4. 消极的定势:定势是指重复先前的操作所引起的一种心理准备状态,它影响解决问题时的倾向性。"习得性无助"的个体的工作经验往往是失败的,又受到领导的消极评价,从而逐渐形成了刻板的思维模式和认知态度。他们认定自己无论如何努力都是一个失败者,因而他们不肯吸收别人的意见和建议,并以消极的方式重复不变地对待自己的工作。

[资料来源]许光军、王希军、佘云、宋丽英:《学困生习得性无助的心理特征分析及学习策略训练》,《白求恩军医学院学报》,2008 年第 6 期,第 174—175 页。

3. 行为反应

压力状态下的行为反应可分为直接反应与间接反应。直接的行为反应是指直接面临紧张刺激时为了消除刺激源而做出的反应;间接的行为反应是指为了减少或暂时消除与压力体验有关的苦恼而做出的反应,从而使自己暂时缓解紧张状态。压力的行为反应主要有劳动生产率的变化、缺勤、流动、饮食习惯改变、烦躁、睡眠失调、嗜烟和嗜酒等。

视窗1-4

压力与工作绩效的关系

有关压力与工作绩效关系的研究很多。研究表明,两者间呈倒 U 的关系(见图1-1)。中等水平的压力能使个体更好、更快地完成工作,提高工作绩效;随着压力的不断增加,对个体提出的要求和限制越来越多,个体工作绩效就会逐渐降低;如果没有压力,工作缺乏挑战性,个体就会失去工作热情,大大降低工作绩效。例如,一名运动员可以利用压力的积极影响在比赛中发挥出更高的水平;如果压力过大,造成精神紧张,运动员便不能正常发挥出自己原有的水平;如果压力过小,不能很好地增强肌体的反应能力,运动员也不一定能发挥出自己最好的水平。

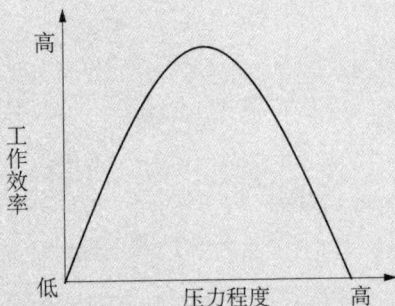

图1-1 压力与工作绩效关系

[资料来源]殷智红:《管理心理学》,北京邮电大学出版社,2007年版,第127页。

二、压力面面观

就人的一生而言,究竟有哪些事情可以让您感受到压力呢? 一般来说,可以分为以下三大领域。

（一）生活压力

生活中的"压力"是来自自然界以及非自然界的变动,包括个体本身和周围环境的刺激所造成的个人身体以及心理的不适应状态。在此,我们主要从下面几个方面进行分析:

1. 生活困扰

我们的生活不可避免地充满了各种不同的小挫折。例如,居住环境拥挤嘈杂,和邻居产生点小矛盾,物价不断上涨而经常囊中羞涩……西谚道:"最后一棵草会压垮骆驼背。"看似简单的生活琐事,日积月累之后也会给人造成难以承受的压力。

日常烦扰可分为生活小困扰和长期社会事件所带来的烦扰。生活小困扰是指严重程度虽不足以造成很大的焦虑,也不足以构成大的威胁,但累积后会对个人身心造成不良影响的烦扰;长期社会事件是指长期解决不了并且会使个体心理产生焦虑的社会性问题,例如人口膨胀、交通拥挤、环境污染、工作竞争和经济衰退等。

2. 生活中重要的变动

生活中某些较难有效处理的重要变动会给我们的身体造成不适,导致压力的产生。如买彩票中了头奖对每个人来说都是巨大的惊喜,但随之而来的诸如换新居、买新车等事件会使我们的生活发生巨大的改变,新的生活和新的环境除了带来喜悦和享受外,更多的是适应上的压力。

3. 灾难事件

灾难事件不仅对受害者来说是一件重大的压力事件,对受害者家属、目击者、前往救援的医护人员甚至是通过各种渠道获得消息的社会成员来讲,也会带来或大或小的压力。如地震、火灾、车祸、被侵害等非常规事件的发生对个体而言往往是灾难性打击,会引发严重的身心反应。

（二）家庭压力

巴尔扎克说过："家庭中需要一个灵魂和另一个灵魂相互地充实，然后以更丰富的情感回送给家人。家庭中如果缺少这一点美妙的关系，就没有了生机，就缺少了空气，从而也就会受难枯萎。"那么，造成家庭缺少生机的压力都有哪些呢？

1. 来自伴侣的压力

人常说"相爱容易相处难"，爱情是甜蜜的，而婚姻常常是充满了矛盾与冲突。相爱的双方一旦过了亲密期后，由于生活琐事加之双方性格、兴趣或者价值观等方面的差异，矛盾与冲突就会渐渐显现，压力随之产生。如现在很多年轻人婚姻频频出现问题——夫妻关系不和、一方出轨、闪婚闪离等，致使年轻人产生巨大的心理压力。

2. 来自孩子的压力

孩子是很重要的压力源。当一对夫妻有了孩子之后，除了要适应自己角色改变所带来的压力外，更重要的是面对孩子身体变化、心理发展和教育带来的压力。孩子在不同的年龄阶段有不同的心理表现和需要，小的时候家长要喂养、照顾孩子，避免他们生病、受伤等；随着年龄的增长，孩子的独立意识逐渐发展，但心智不成熟，如何教育培养孩子成为很多家长头疼的事情。有的孩子叛逆，不听话，出现一些问题，如早恋、网络成瘾、打架斗殴、违法犯罪等，让很多家长操碎了心；有的家长望子成龙、望女成凤，对孩子寄予很高的期望，投入更多的时间与精力培养孩子，压力也就更大。

3. 经济压力

幸福的家庭需要一定的经济基础与物质保障。除了日常正常开销外，每月需要支付的房租或房贷、购车费用、孝敬父母的费用、孩子的教育储备金等，都可能对家庭造成很大的经济压力。反之，如果家庭经济环境非常宽裕的话也会使人产生压力，因为家长要思考如何投资和消费等。

此外，家庭中还有很多其他的压力源。比如，赡养父母的压力等。家庭生活是动态的，它的任何改变都可能引发家庭成员的压力。

（三）工作压力

造成人生压力的另一个领域是职业领域。或许你是一个机械制造者，每天都会担心工作伤害对身体带来的威胁；或许你是一个普通的推销员，在子夜时分为本月的销售业绩下滑而辗转反侧、彻夜难眠；或许你是一个收入颇丰的企业主管，却在都市上班的路上为交通堵塞而心急如焚、气愤不已；或许你是一个人人羡慕的国家公务员，却正在为机关里流传的人事变动的消息而紧张和焦虑……随着社会的飞速发展、竞争的日益激烈，人们普遍感受到来自职业的压力，这种压力甚至逐渐超越其他压力带给人们的影响，成为困扰现代人的第一压力。这种压力对现代人的生活、幸福、身心健康造成了不同程度的损害，严重影响了人们的生活质量，应该引起人们充分的重视。

第二节

压力"山"大
——现代职场压力

一、你有职业压力吗?

20世纪初以来,随着工业化、城市化以及信息革命的发展,职业压力成为现代人很重要的压力源。社会竞争日益激烈,人们首先面临择业难的困境;对于已就业的人,睁开眼就要急急忙忙往单位奔,一天到晚干不完的活,加班加点,节假日也可能在紧张忙碌的工作中度过。"起得比鸡早,睡得比狗晚,吃得比猪差,干得比驴多"是现代职场人对自己工作状况的真实写照,反映出现代人普遍的巨大的职业压力感。你是其中的一员吗?

视窗1-5

职业压力测试

本问卷共50道题,请仔细阅读每一道题目,根据自己的真实情况作答。

	总是	经常	有时	很少	从不
1. 早上起得很早。	A	B	C	D	E
2. 感到很难静坐在那里什么也不干。	A	B	C	D	E
3. 会夜不成眠地思考工作。	A	B	C	D	E

4. 不喜欢假日。	A	B	C	D	E
5. 除了学习工作之处,很少有其他兴趣。	A	B	C	D	E
6. 亲友抱怨你在工作上花的时间太多。	A	B	C	D	E
7. 认为自己的能力和工作成绩未被恰当地肯定。	A	B	C	D	E
8. 朋友们抱怨很少见到你。	A	B	C	D	E
9. 周末难放慢工作节奏,减轻工作负担。	A	B	C	D	E
10. 周末仍在工作。	A	B	C	D	E
11. 家人们期望你能给他们更多的爱和关心。	A	B	C	D	E
12. 边吃饭边工作。	A	B	C	D	E
13. 觉得上司在极力限制你的工作。	A	B	C	D	E
14. 无事可干时会坐立不安。	A	B	C	D	E
15. 即使是对充满希望的利益也缺少热情。	A	B	C	D	E
16. 夜间醒来,又继续工作。	A	B	C	D	E
17. 夜里仍在工作。	A	B	C	D	E
18. 很合群,似乎不会被什么事所烦扰。	A	B	C	D	E
19. 感觉自己很少做对事。	A	B	C	D	E
20. 在被要求做不愿做的事时不能说"不"。	A	B	C	D	E
21. 感到被强迫,被欺骗,被逼入绝境。	A	B	C	D	E
22. 所负的责任超出了你的能力。	A	B	C	D	E
23. 胃口不好,失眠,头晕眼花,心跳过速。	A	B	C	D	E
24. 不像从前那样乐观。	A	B	C	D	E
25. 即使周末早上躺在床上睡懒觉,也感到很不适应。	A	B	C	D	E
26. 喜欢看体育比赛或有趣的娱乐节目。	A	B	C	D	E
27. 难以把自己的想法告诉别人。	A	B	C	D	E
28. 在没有活动,气温不高时浑身冒汗。	A	B	C	D	E
29. 对工作中的许多事情感到一筹莫展。	A	B	C	D	E
30. 在人群中或有限的空间里惊慌不安。	A	B	C	D	E
31. 在工作中受到批评时很伤心。	A	B	C	D	E

32. 疲惫不堪,心力交瘁。	A	B	C	D	E
33. 每天完成工作后对成绩感到满意。	A	B	C	D	E
34. 没有任何生理原因就感到头晕恶心。	A	B	C	D	E
35. 觉得与同事间的冲突不能解决。	A	B	C	D	E
36. 对琐碎事情极为烦躁。	A	B	C	D	E
37. 必须完成的工作量超过了时间的允许量。	A	B	C	D	E
38. 无法放松自己。	A	B	C	D	E
39. 对工作要求有清楚的认识。	A	B	C	D	E
40. 半夜或凌晨经常惊醒。	A	B	C	D	E
41. 自己有足够时间处理私事。	A	B	C	D	E
42. 难以做决定。	A	B	C	D	E
43. 假如想和别人商量自己的事,能找到合适的对象。	A	B	C	D	E
44. 充满恐惧感。	A	B	C	D	E
45. 感觉自己正行进在人生目标的固定轨道上。	A	B	C	D	E
46. 对别人的职责无能为力。	A	B	C	D	E
47. 对工作有厌倦之感。	A	B	C	D	E
48. 不愿会见新的人,不愿尝试新的体验。	A	B	C	D	E
49. 一天到晚都想着工作。	A	B	C	D	E
50. 很难给自己的能力和工作成绩以恰当的评价。	A	B	C	D	E

计分标准:

以上各题选 A 记 4 分,选 B 记 3 分,选 C 记 2 分,选 D 记 1 分,选 E 记 0 分。其中,第 18、26、33、39、41、43、45 题反向记分,也就是 A、B、C、D、E 所对应的分数分别为 0、1、2、3、4。

解析:

(1) 90 分以下:你的工作不会令你感到有压力,你可以很好地调节自我,你对工作的态度是健康的。你可能十分喜爱自己所从事的工作,但你同时也有许多其他的兴趣,并不打算让工作占据你全部的生活。你是个懂得休息的人,从工作态度上讲,你难以在事业上取得大的成就,但你的生活会过得很充实。你适合做普通的职员、自由职业者。

(2) 91—130 分:在工作中,你承受着中等程度的压力,这对于一个在当代快节奏的职场中终日忙碌的人来说,可能是司空见惯的事情。你可能难以承受过于繁重的工作压力,那么就有必要学会调整自己,以积极开放和顺其自然的心态适应工作中的种种变化,这样即使遇到问题,解决起来也会感到容易和轻松一些。

(3)131—170分:工作压力对你已经是个问题,这显然需你采取必要的措施来予以缓解。在这种压力下,工作时间越长,工作与生活中的困难就会越多,从而形成一种恶性循环。仔细考虑你的职业生涯,你是否只在从事现在的工作时才会有这样的压力?如果回答是肯定的,不妨换个工作环境,也许会缓解你的压力。

(4)171分以上:你是个工作狂,面临的工作压力十分沉重,也许你已经不堪重负。长期处于这种状态极有可能损害你的健康及与亲友们的关系,许多工作狂即使事业有成也无法改变这种状况。通常你需要做出极大努力才能放慢工作节奏,让自己休息一下。这种人往往容易在自己所从事的领域中获得极大的成功。但不论是谁,承受能力也总是有限的。因此,学会放松,学会善待自己,才是明智之举和长久之计。

[资料来源]刘晓明等编:《高校教师工作压力管理》,中国轻工业出版社,2010年版,第36—38页。

二、职业压力:一把双刃剑

(一)职业压力的积极作用——化压力为动力

在高节奏、高速度、高效率的社会态势下,来自职业的压力与日俱增,无处不在、无时不有。身处这样的环境,我们不仅在身体上,更在心理上感受到职业压力。于是,职业压力对身心健康的影响也成了人们茶余饭后的热门话题。然而职业压力也并非都是负面的,人类对压力有一定的承受能力,我们无需"谈压色变"。心理学研究表明,适度的压力会引起人们情绪上的适度焦虑感和紧张感,并引起体内一系列的生理变化,促使有机体释放更多的能量进行活动,使人反应速度加快,记忆能力和思维能力增强,从而激发个体的潜力,增强个体的承受力。俗话说有压力才有动力,我们要正确地对待压力,把压力看作是对自我的挑战,及时将压力转化为自我成长与取得成就的动力。

例如，给自己树立一个高于现有水平而通过努力又可以达到的目标，不断激励自己："我一定会成功，这个目标我一定能实现！"这种动机与目标感能够激发一个人的斗志与潜能，使个体处于兴奋状态，有助于将压力转化为动力，从而使个体更有信心地迎接挑战，实现目标。

（二）职业压力的消极作用——职业枯竭

适当的压力能够产生积极效应，但当职业压力过大或过于持久，人们又不能及时正确地处理压力时，压力就会带来很多消极的影响。大量的研究表明，工作压力的增加必然导致工作效率的降低，使人产生职业倦怠并影响身心健康。职业倦怠是指一种心理状态，包括情绪衰竭、人格解体和低个人成就感。它主要表现在心理方面和生理方面。

1. 心理影响

随着压力的长期累积，一些心理疾病的发病率也日益增高，如组织能力与长期计划能力变差，注意力下降与注意广度缩小，情绪调节能力变差，忧虑与无助感出现，兴趣与热忱感消失等。长期承受压力的人更易产生职业倦怠。

2. 生理影响

一旦个体处于过度压力之下，某些荷尔蒙分泌会出现紊乱，如肾上腺素分泌过快、消化系统停止运作，随之而来的是心率、血压、新陈代谢以及生理活动明显改变，这些都会对身体产生严重危害，导致出现躯体疾病。

第二章

为伊消得人憔悴
——高中教师压力分析

对于现代人而言,普遍会有压力感,但不同职业者其压力感又有所差异。其中教师,尤其是高中教师,是压力感比较大的一个群体。

作为一名高中教师,他们除了要承受一般的生活压力外,更多的压力是来自职业的压力。过高的社会期望以及长期超负荷的工作使得高中教师普遍感觉到"压力山大",许多老师心力交瘁、身心俱疲,长此以往势必会损伤教师的身心健康,进而会影响到教学质量。因此,我们有必要高度重视高中教师的压力问题,了解高中教师的压力现状及压力来源,这样才能有针对性地缓解高中教师的压力。

第一节

黑云压城城欲摧
——高中教师压力现状

读书改变命运,高考成就未来。在我国现有的教育体制下,高考仍被赋予重要的地位。"一考定终身",高考成为人生一个重要的转折点。社会、学校和家长把带领更多的学生通过高考这座独木桥的任务交给了高中教师。承载着各方的期望,紧张的高考背后是高中教师们辛苦的付出。

链接

张老师年逾三十,是一所高中两个班的语文老师,同时任其中一个班的班主任。每天除了安排好家事外,学校里还有一大堆麻烦事等着她处理:堆积如山的作业需要批改,要找考试成绩太低的学生谈话,公开课做课件晕头转向,竞赛只许拿大奖,不然校长要批评,忙完学校的事回到家还得熬夜备课……教师那么一点微薄的工资,又让她捉襟见肘。张老师半夜醒来的内心独白是:"50 岁不到,我准累死。""我能提早退休那该多好啊!""这样的生活,何时是盼头?"

[资料来源]湖北省教育干部培训网,http://www.jste.net.cn/train/blog/userBlog/index.jsp? name=gyyszxhejing.

众所周知,高中教师的职业压力很大,他们每天的在校时间都在 10 个小时以上,除了按时上课,课后还要辅导学生、批改作业、备课等,这还只是一些常规性的工作。除此以外,他们还常常会接到一些临时安排的工作任务。有些教师还兼任班主任或是学校的行政职务,任务量会更大,事情会更繁琐。有些学校教师资源少,一位教师要承担好几个班的教学工作,周课时量达到 20 节之多。还有些学校班级人数多,有的班级甚至多达七八十人,这直接增加了任课教师作业批改量和班主任班级管理的任务量。那高中教师压力状况如何? 有何特点? 我们首先整体分析高中教师压力的总体状况,然后具体考察高中教师压力在各主要人口学变量上的特点。

一、高中教师压力的总体状况

我国对教师压力的研究虽只有 10 年的历史,但却积累了较为丰厚的研究成果。北京市教科院基础教育研究所 2002 年所作的调查显示,有 93.1％的教师表示"当教师越来越不容易,压力很大",有 50.8％的教师表示"如果有机会会考虑调换工作"。[1] 来自湖南省不同类别学校的调查结果显示,83.3％的教师感到有职业压力,尤其值得一提的是,在高中教师群体中,有 58.3％的教师感到压力较大或很大。[2] 据东北网 2002 年 10 月 22 日讯,杭州市教育研究所随机抽取了 31 所中学,对这些学校全体教师的心理、职业、生活压力、精神卫生等方面进行了调查。调查结果显示,有 76％的教师感到职业压力太大,其中高中教师的职业压力尤其严重。[3] 许延礼、高峰强专门开发了高中教师压力量表,并对高中教师进行了调查,结果发现有 54.5％的高中教师处于高压力感受组,而感到压力较小或没有压力的教师仅占总数的 11.5％。[4]

---

[1] 《教师不容易:九成中小学教师感觉压力大》,http://blog.163.com/ms_momoso/blog/static.
[2] 黄益远:《关于中小学教师职业压力的研究》,《教育与管理》,2002 年第 33 期,第 10 页。
[3] 袁恒生:《高中教师工作压力的调查与分析——以泰州市普通高中为例》,苏州大学硕士学位论文,2010 年,第 6 页。
[4] 许延礼、高峰强:《高中教师工作压力源量表的初步编制》,《当代教育科学》,2003 年第 21 期,第 43 页。

以上调查数据显示，我国教师的压力普遍较大，尤其是高中教师的压力较为严重。

二、高中教师压力在各人口学变量上的特点

高中教师普遍存在着较大的压力，但在不同的人口学变量上，其压力水平也不一样。下面我们将从人口学变量的角度具体分析高中教师压力的特点。

（一）性别

高中男女教师在压力总体上的差异并不显著，水平大致相同。但是，男女教师感知到的压力来源存在显著的不同。男教师感知到的压力主要来自于待遇和工作条件，这可能是由于男教师成功欲较强，期望在事业上有所发展，也希望能拿到更多的报酬来承担更大的家庭责任。而女教师的压力主要来自考试和评价，女教师心思比较敏感，比较在意来自别人的评价，所以感受到考试和评价的压力更大些。[①]

（二）年龄

各年龄阶段的教师由于自身的年龄特点和参加工作的时间长短不同，感受到的压力也会有区别。30 岁以下的青年教师，教学上有老教师领路，与学生的年龄差距小，易于沟通，且精力旺盛，对工作有较大的热情，这些都是他们的优势。但他们缺乏高中教育教学工作经验，在业务水平上亟待提高，此外，他们刚参加工作，面临买房、组建家庭等生活压力。[②] 31 到 45 岁这一年龄阶段的高中教师压力最大。这一阶段的教师基

---

① 李海雷：《大连市高中青年教师职业压力研究》，辽宁师范大学硕士学位论文，2007 年，第24 页。
② 李智红：《高中教师职业压力分析与对策研究》，东北师范大学硕士学位论文，2009 年，第15 页。

本都已成家,并且上有老,下有小,老人生病,孩子入托、升学、就业等需要处理的家庭琐事多。而且,他们在学校基本都是中流砥柱,肩负教育教学的重担,另外还面临评职称的压力,处理好与领导、同事、学生的关系也要耗费他们较大的精力。45 岁以上的老教师,他们经验丰富,经历了许多事情后,遇事已能坦然面对,职称评定问题基本解决,生活、工作也已稳定,对社会的要求也相对减少。但他们同样也有压力,如由于与学生年龄相差较大,与学生之间易产生心理代沟,引起学生的逆反情绪,使师生关系紧张。此外,随着时代的发展,不断更新自己的知识,变革教学理念与方法,学习新的教育技术等对他们来说比较吃力。

(三)学历

学历越高,高中教师的压力越大,研究生学历的高中教师压力大于本科生和专科生学历的高中教师。造成这种情况的主要原因是学历越高,成就感和自我实现的需要就越强烈,如果得不到应有的满足就会产生较大压力,而学历较低的教师可能认为在高中教学就比较满足了,反而感到压力较小。[①]

(四)任教年级

任教的年级越高,高中教师面临的压力就越大。特别是高中毕业班的教师,其压力最大。高中毕业班即将面临高考,高三这一年是最为关键的一年,受到各方关注。有一句话说得好:"高三教师就像生活在透明的玻璃鱼缸中,公众、领导、家长、学生都在审视着他们。"高中毕业班的教师承载的期望越大,压力也越大。

---

① 许延礼、高峰强:《高中教师工作压力、心理健康及其关系的研究》,《山东理工大学学报(社会科学版)》,2003 年第 5 期,第 73 页。

（五）岗位

总体上，学校领导的压力大于教师的压力；高中班主任的压力大于普通任课教师的压力。以校长为首的学校领导担负的职业角色更多，也更加复杂，既要保证学校各项工作的有效运行，又要统筹协调各种关系；承受的压力更加多样，既有学校运行的经济压力，又有学生安全压力，还要处理好素质教育和应试教育现状之间的关系；不仅要做好校内工作，还要和其他学校保持良好关系，接受上级教育部门的监督和检查。他们承受的角色任务多，压力自然也更大。班主任除了要像普通任课教师一样教好课外，还要负责班级事务的管理、课外活动的组织。他们既要想方设法尽最大努力提高班级的学习成绩，又要维持好班级纪律，保证学生的安全，组织好各项活动。班主任的日常工作琐碎繁杂，千头万绪，但又不能流露出厌倦情绪，还要时时鼓励学生，肩上的重担可想而知。

（六）任教科目

任教高考科目的教师，其压力要大于任教非高考科目的教师。作为高考科目，也就是大家所称的"主科"，自然是所有科目中的重中之重，每周的课时多，连自习时间基本都分给了高考考试科目，教师和学生对其重视的程度也是不言而喻的。这些科目的任课教师备课要更充分，批改作业更频繁，甚至自习时也要去教室帮助学生答疑解惑，这样他们就比非高考科目的教师付出更多，压力也就相应增大。

（七）学校所在地及学校类型

城市高中教师感受到的压力要远高于乡镇高中教师。重点学校高中教师的压力大于普通高中学校教师的压力。城市高中尤其是重点高中对学校的教学质量和高考的上线率更为重视,学校间的竞争更加激烈,学校对教师的要求更高,教师付出的努力更多,任务更重,压力也就更大。

第二节

乱我心者,今日之事多烦忧
——高中教师的压力源

压力源是指引起压力的内外情境。高中教师的压力源是指与教师这一职业有关的导致高中教师产生压力的一系列因素。国内的一些学者,如刘辛①、姚丽芳②、袁恒生③、许延礼、高峰强④等人,对高中教师的工作压力源展开了比较全面的研究,对这些研究结果进行了总结分析,他们将高中教师的压力源归纳为以下四个因素。

一、社会因素

(一)高考期望过大

高考期望过大是高中教师最主要的压力源,也是小学和初中教师所没有的独特压力源。"高考改变命运,

---

① 刘辛:《大连市高中教师职业压力类型及其特点》,辽宁师范大学硕士学位论文,2004年,第21页。
② 姚丽芳:《高中教师压力缓解策略》,苏州大学硕士学位论文,2010年,第5页。
③ 袁恒生:《高中教师工作压力的调查与分析—以泰州市普通高中为例》,苏州大学硕士学位论文,2010年,第6页。
④ 许延礼、高峰强:《高中教师工作压力源量表的初步编制》,《当代教育科学》,2003年第21期,第44页。

高考创造未来。"高考虽不是决定人生成败的关键,但却是人生的一个重要转折点。在我国现有的教育体制下,高考的受重视程度已达到无以复加的地步。社会、学校、学生、家长都对高考寄予很高的期望,它关乎一个学校的品牌与生源;关乎一个学生未来的命运;关乎一个家庭的幸福与希望……高考就是有这样的魔力,牵动着学生、家长和高中教师的心。人们把高考看得越是重要,对高考寄予的期望就越大,对高中教师的要求也就越高。高考过线率、升入名牌大学的比率,不但成为一所学校优秀与否的衡量尺度,也成为高中教师能力高低的重要评价标准,且关系到教师的职称评定、奖金发放等。教师不仅面临来自外部的压力,自己也会不断自我加压,虽已身心疲惫,但仍不敢有丝毫懈怠。

(二)课程改革的挑战

新一轮的基础教育课程改革力图消除现行课程体系的弊端,构建符合素质教育要求的新的课程体系,实现课程概念的重建,贯彻体现时代精神的新课程观。新课程改革促使高中教师必须重新定位自己在课堂教学中的地位,更新教育理念,完善知识结构,提高技能水平以及探索新的教学方式。因此,对很多已经适应了传统教学的高中教师而言,这是一种全新的挑战。加之当前课程改革还在不断探索中,没有形成成熟的模式,存在诸如目标不明、操作模糊、评价不清等问题,结果不但没有减少高中教师的压力,反而增加了他们额外的负担。

(三)工资待遇低

我国《教师法》规定:"教师的平均工资水平应当不低于或者高于国家公务员的平均工资水平,并逐步提高。"可是这一政策落实的并不到位,地区差异很大。在有些地方,教师的工资远不如公务员的待遇。虽然随着社会经济的发展,教师的实际收入也在不断提高,但与其他职业相比,提高的幅度太小,而且差距也较大。2003年,全国中小学教师平均工资为 13 293 元,同期全国公务员的平均工资为 15 487 元。可以看出,2003 年全国中小学教职工平均工资低于全国公务员的平均工资。2005 年国家统计局调查显示,教师平均工资是 18 622 元,社会平均工资是 19 313 元。2003—2008 年,教育系统工资排位最为稳定,除 2003 年为 11 名外,其他年份均排在 19 大类的第 12 名。[①] 随着物价、房价的上涨,教师的经济压力也在不断增大,特别是对年轻教师而言,他们还需要还房贷,压力更大。

链接

　　环球网记者王欣报道,据美国《纽约时报》2012 年 4 月 3 日消息,美国最新的一项调查结果显示,单论工资,在全球 28 个国家的老师中,中国几乎排到了垫底的位置,仅为加拿大的十分之一。

　　[资料来源]环球网,http://world. huanqiu. com/roll/2012-04/2582408. html.

（四）社会期望高

　　教师是一个特殊的职业。既要"传道、授业、解惑",又是"人类灵魂的工程师"。我国在 20 世纪末曾提出"振兴国家的希望在教育,振兴教育的希望在教师"的口号。社会对教师给予了很高的要求和期望,有的甚至超出了教师自身的能力和条件,这给教师带来了巨大的压力。面对高社会期望,如果教师自身的能力无法与之匹配,就会产生强烈的内心不平衡感,出现自卑情绪,严重者甚至会产生抑郁,酿成悲剧。

链接

　　在一所重点高中工作的优秀的 22 岁女教师,上班 3 个月后留下遗书在宿舍上吊自杀。不少人为之扼腕叹息、震惊。她留下的遗书中有这样一段话:"工作以来,我感

---

① 樊彩萍:《我国教师工资的统计分析与对策建议》,《教育发展研究》,2010 年第 21 期,第 22 页。

觉到我的生活没有阳光，一片灰暗，教学工作做得不好，我觉得没有脸面管理班上的学生……许多该做得来的题不会做，该讲清的题不会讲，我觉得自己愧对教师这个称号……按理说，作为一个数学专业的本科毕业生，教数学是不成问题的，可我做不到……"

［资料来源］搜狐新闻，http://news.sohu.com/20041201/n223262164.shtml/．

社会对教师的高期望还表现在赋予了教师太多的角色要求。如，现在的教学不再是简单的"填鸭式"教学，而是要求教师将学习内容设置得更有趣味性，善于引导学生，做学生主动学习的促进者、合作者和服务者；教师的教育教学不能简单划一，而应该顺应学生的个性特点，发现每一位学生身上的闪光点，多鼓励欣赏学生，让自己成为学生成长中的欣赏者；教师要随着时代的发展不断提升自身的素质，成为不断更新知识的学习者和优化教学方法的探索者；面对学生日益复杂的心理与种种问题，教师还要成为学生出现不良问题的责任者。如学生出现打架斗殴、早恋等问题，人们首先把矛头指向教师，认为这是教师管理不当的责任，是教师的失职，这种对教师近乎苛刻的要求怎能不使他们如履薄冰？

二、学校因素

（一）工作负荷重

有人统计：我国教师的日平均工作时间为 9.6 小时，比我国实行的 8 小时工作制高 1.6 小时，累计起来，年超额工作时间为 420 小时。[1] 这只是个保守的数字，还不包括许多教师隐性的时间付出。如有些教师在学校批改不完的作业，需要下班后拿回家继续批改；碰到别的教师临时请假，还需要帮忙代课等，这些都增加了教师的负担。

---

[1] 王承信：《对教师心理负荷问题的思考》，《教育与职业》，2003 年第 15 期，第 61 页。

链接

高中教师"压力山大"

在教师节来临之际,记者走进高中教师的生活,了解他们的心声,向我们展示了一名高中毕业班语文老师一天的生活。5时30分:起床;5时55分:准时出现在教室盯早读;7时30分—12时:前两节课批改学生作业,三、四、五节课值班;12时:回家做饭;12时40分:回学校值班;13时30分—17时40分:备课、批改作业;17时40分:回家做饭;18时50分:到学校盯晚自习;21时50分:回家备课;23时30分:上床休息。

这样的作息时间,田芳(化名)已经重复了6年。田芳是石家庄市一所普通高中的语文教师。6年前,她从北京师范大学毕业后怀着对教师这个职业无比崇敬的心情成为一名光荣的人民教师。6年来,她和同事们的最大感受就是日常的作息时间安排太紧张,"每天就像不断被抽打的陀螺一样高速运转着"。

田芳告诉记者,在高考压力下,学生们把休息的时间压缩到最短,而老师们则比学生们还要早到校晚离校,一些新来的老师回到家后经常备课到凌晨一两点。由于过度疲劳,时常有老师晕倒在课堂上。上学期,仅她们教学组就有两个年轻教师在上课期间突然晕倒。另外,由于回家晚,老师们在路上出意外车祸的情况也不少。"上次我们学校来了一位药品推销员,说我们学校的老师看上去比实际年龄都老5至6岁。"

田芳的丈夫也是一名高中教师,由于担任班主任,工作比她还忙。为了工作,他们的儿子不到1岁就被留在老家,有时一个月都难见孩子一面,夫妻俩想起来就心酸。田芳说:"不知为什么,最近出现厌教情绪,晚上经常失眠,不愿意去学校,上课时打不起精神。"

[资料来源]中国新闻网,http://www.heb.chinanews.com.

高中教师工作任务重,尤其是班主任。普通任课教师的工作负荷已是很重,更别提高中班主任了。"当了这么多年的班主任,我已经当怕了,每天像上紧了弦一样,再不停下来我就要崩溃了。"这是一位高中班主任的心里话。据调查,61.3%的班主任觉得工作负荷重而"不愿做"。班主任中的80.2%是由学校任命的,如果有机会可以不做班主任,其中76.4%的教师表示选择不做班主任。① 可见,班主任的压力之大已经让教师避之唯恐不及了。班主任是一个班级的管理者,不但要负责学生的成绩,要保证学生在学校的安全,还要协调好整个班级的各项事宜。如果要问高中教师中谁的压力最大,那么非班主任莫属。

虽然班主任的工作量大且繁琐复杂,但往往班主任教师的付出和回报不成比例,有的教师说:"当班主任,超累的,一般就多两三百元的工资,划不来的,一千块我都不想当班主任。"教师也是普通的人,在付出了巨大心血后,尤其是现在的生活压力这么大的情况下,想得到应有的回报也是情有可原的。付出与回报不成比例,在高中教师中还是比较普遍的。

(二)教师评价考核体系不科学

每个学校都有自己特定的一套对教师的评价考核方法。合理科学的方法既能有效地考核教师的业绩,又不至于造成教师额外的负担,而不科学的考核体系则会给教师带来很大的压力。学校不科学的评价考核体系主要体现在以下几个方面:

1. 评价标准僵化

对教师的评价应是综合素质的考察,虽然很多学校都普遍从德、勤、能、绩四个方面来考核,但对这四个方面的定义模糊,具体操作起来也不尽如人意,往往停留在表面,并不能很好地体现这些方面的实质。相较于其他三个方面,学校最重视的还是教师的教学绩效,对教师的评价也是以教学绩效为主要标准,学生的考试成绩及升学成绩是评价教师优秀与否的最重要的指标。这就使有些急功近利的教师为了提高学生

---

① 《班主任压力大,76.4%教师不愿做》,http://www.eduol.cn.

成绩,不惜采用题海战术,让学生做大量习题,既给学生造成负担,也加重自己批改作业的负担。

2. 评价主体的主观化

学校里教师的评价主体是学校领导、同事和学生,评价的过程中难免会受主观因素的影响。被评价较高的往往是那些善于处理好人际关系的教师,而不一定是业务素质过硬、真正优秀的教师。有的教师虽然教学方面认认真真,但为人太过耿直,平时得罪了不少人,结果在考核中的成绩较差。而有的教师虽然教学水平并不突出,但善于搞好关系,最后得的分数却较高。考核结果通常与多项奖励挂钩,这就迫使老师为了得到较高的评分,不得不去巴结领导,请同事吃饭,给学生好处,这无疑增加了教师的经济负担和心理压力。

3. 量化考核过细过严

有些学校为方便对教师进行量化考核,甚至规定了备课资料的版面书写格式、字数要求,出席学校活动的次数要求,每天统计签到、早退情况,要求教师定期写工作总结报告,并要达到一定的字数和格式要求。还有的学校把这些量化考核项目制定成表格形式,并以这些量化分数排名,作为奖罚的标准。虽然量化考核操作性变强,但欠缺科学性和人性化,引起老师的强烈不满。这种量化考核体制下,教师不是全身心地投入教学研究,而是诚惶诚恐地应对那些量化表,斤斤计较所得的分数。长此以往,严重打击教师的工作积极性,使他们疲于应对,出现压抑、忧郁、厌烦等情绪。[①]

链接

某学校教务处为了加强教学常规管理,提高教学质量,制定了常规教学考核方案,每学期评估一次。方案分四个等级:优秀、良好、合格、不合格,方案中的每一项都是打分评估,并与奖金挂钩。期末考核评为不合格的廖老师(一位教学经验丰富的老教师)

---

① 郝秀仙:《高中教师职业压力研究》,《山西师范大学学报(社会科学版)》,2008 年第 S2 期,第 142 页。

对教务处意见很大,他找教务处唐主任理论:"你们教务处吃饱了没事做,净搞毫无意义的东西,教学质量好坏的衡量标准是看高考成绩,而不是靠教案、听课、论文、科研的检查,你们教务处制定的评价指标不科学……"尽管唐主任耐心地解释,但廖老师还是和教务处吵了起来,一直闹到校长办公室,找校长评理。

[资料来源]新浪博客,http://blog.sina.com.cn/s/blog_98bd77d50101a83r.html.

(三) 教师在学校没有参与管理的机会

学校的管理制度对身处其中的每一位教师都会产生影响。然而很多学校的教师并不能参与学校各项制度的制定,只能被动接受,这就造成了许多不良后果:一是使主人翁意识淡薄,不利于发挥教师的主观能动性;二是不经教师参与制定的管理制度,难免会脱离广大教师的实际需要。教师是奋斗在教学一线的实践者,对管理制度的好坏更有切身体验和发言权,知道什么样的制度符合广大师生的需要。如果忽视这些客观规律,只凭学校领导的"纸上谈兵"来管理学校,除损伤教师的教学热情外,还会因不合理的管理方式而加重教师的身心负担。

(四) 学校教育行政制度改革的冲击

近些年,随着教师队伍的壮大以及为了提高教师的整体素质,学校教育行政制度也实行了教师聘任制和末位淘汰制等一系列改革。这种"优胜劣汰"的做法打破了教师行业的"铁饭碗",使教师这一相对稳定的职业也变得不再稳定。教师如果表现不好,也会被解聘。这一改革带来的冲击无疑是巨大的,相信身处这一改革下的每一位教师都体会到了深深的危机感和紧迫感。

（五）职称评定和晋升困难

链接

"晋升职称回回被退,抛家舍业愧对长辈,囊中羞涩见人惭愧,青春年华如此狼狈。"李老师大学毕业任教后,在学校工作认真努力,课讲得也很好,还担任班主任,可是连续三年评职称都没有他。第一次因为论文数量不够,第二次缺乏高级别的荣誉,第三次因为名额有限。于是,李老师心灰意冷,思想压力很大,不禁发出如此感慨。

[资料来源]豆丁网,http://www.docin.com/p-375819099.html.

职称是建立在对教师工作能力和工作业绩评价基础上的对教师综合素质的评定,在激发教师工作积极性和主动性方面具有重要作用,并且直接与工资挂钩。虽然大家希望不断提高自己的职称水平,然而"僧多粥少",加之在实施过程中存在许多不合理的地方,经常出现论资排辈、滥用职权的现象,导致教师心理不平衡。一位青年教师质疑:"职称应该是教师知识水平、工作能力、工作业绩的综合体现。但在实际操作中,却往往年老者上,年轻者让,根本不考虑工作能力如何。"有位乡村教师坦言:"我校够资格参评的教师有 30 多位,如果一年一个名额,至少要等 30 年!"

三、人际关系因素

高中教师的人际关系较复杂,要妥善处理与学校领导、同事、学生、学生家长,还有自己家人的各种关系。如果这些关系处理不当,就会直接给高中教师带来很大的烦恼。

（一）与学校领导的关系

中国有句古话"不患贫而患不均"。教师的评优、评职称、发放奖金、外出培训学习等事务都是由学校领导操作实施的。如果他们不能秉持公平公正的原则,而是利用职务之便为自己谋私利,就会让那些业务素质不高、逢迎巴结的教师有机可乘,造成实施过程透明度不高,甚至暗箱操作,使得教师的发展前途不是掌握在他们自己手中,而是要看与领导的关系如何。与领导关系好的教师,评优、晋升、培训等样样有份;与领导关系紧张的教师在这些方面备受冷落,有苦难言。这会直接打击教师的工作积极性,甚至加剧教师和领导的冲突。

(二)与同事的关系

有道是"同行是冤家",竞争使教师之间的关系变得微妙复杂。学生的成绩优劣、职称评审、各类评奖、外出培训学习、教学资源分配、学生问题的处理、彼此性格不合等因素都有可能引发同事之间的竞争、比较、冲突与矛盾,如果不能及时调整,同事之间抬头不见低头见,彼此之间关系紧张,容易造成工作环境压抑,增大压力。

(三)与学生的关系

现在的高中生大多是独生子女,他们个性张扬,有自己的想法,加之父母娇生惯养、溺爱的缘故,学生意志力不强、娇宠任性、自尊心强且敏感,听不进批评等。有的教师不注意教育方式,仍采取简单强硬的批评方式,轻则使学生产生抵触心理,对教师的管制不服,更有甚者,有的学生居然对老师"拳脚相向"。有时学校为了息事宁人,要求教师向学生道歉,令很多老师难以接受,却又无可奈何,非常受伤!

链接

"我们经常能在媒体上看到教师体罚学生,教师管理不当造成什么后果之类的事情,怎么没看到对学生打教师进行报道呢?现在的孩子有多难管,家长不是不知道吧?很多家庭连一个都管不明白,教师呢,我们每天要面对多少学生!"现在很多媒体专门抓住极少数教师的阴暗面来报道,弄得好像男老师都会猥亵女生,女老师都有更年期综合征一样。

[资料来源]《调查篇——百位教师的困惑(下)》,网易新闻中心,http://news.163.com.

(四) 与学生家长的关系

学生家长对教师有不同的诉求:有些家长对学生过度关心,动辄给老师打电话询问孩子的情况,并对教师的教学方法评头论足、横加指责、过分干涉;有些家长把学生成绩提高的任务完全寄托在教师身上,每当孩子的成绩下降时,他们不客观分析原因,总把责任都推卸给老师,认为老师没教好,要求学校领导换老师;有些家长在孩子与教师发生矛盾时,不分青红皂白,到学校去闹,要求给一个说法,严重影响教师的声誉;还有一些家长,给老师送红包,请吃饭,目的就是希望老师多多关照自己的孩子,这些都无形中给老师增添了压力。

(五) 与家人的关系

高中教师由于在学校的工作时间长、任务重,他们把全部心血都倾注在学生身上,疏忽了对家人的照顾,与家人交流的时间少,也容易与家人产生摩擦。这样,学校、家庭两头烦恼使得高中教师苦不堪言。

链接

都说老师是蜡烛,要燃烧自己照亮别人,可这"别人"中不包括家人。

照亮别人的孩子照不到自己的孩子

张老师是省内某知名高中的教师,家里有一个3岁半的女儿,每天早上,张老师要在6点10分左右离开家,女儿在睡觉;一整天在学校,上完晚自习是晚上8点半,到家的时候至少9点,女儿还在睡觉。因为和女儿相处的时间太短,女儿对自己很陌生。

夫妻关系存在隐患

高中教师一天至少要在学校呆 10 个小时,有时候回家都懒得说话,什么事情都不愿做。和爱人交流和沟通也不够,家里的事情完全管不了,对方难免会有抱怨,很多教师家属都说"家就是你的饭店和旅店"。尤其是中年人,本身就处于婚姻比较敏感的时期。

"忠孝"不能两全

高中教师对于父母的照顾更是没法顾及。"人家都说'忠孝'不能两全,做高中教师能够深刻地体会到这一点。很多老师生完孩子一个多月就上班,亲戚结婚不请假也是常事,父母生病抽空才能去看,根本就伺候不了。"

[资料来源]网易新闻中心,http://news.163.com/09/0910/06/5IR3COJ9000120GR.html.

四、教师的自身因素

(一)认知方式

通俗地说,认知是指对待事情的看法,同样的一件事,由于人们的认知方式不同,也会有不同的反应。研究发现,不合理的信念和归因会增加压力。比如,过于在乎外部赞许是高中教师较为常见的不合理信念之一。他们常常认为"人应该得到自己生活中的每一位重要人物的喜爱与赞许",自己应该做到与社会、学校、家长及学生的期望相符合。有这样的想法是要求上进的表现,但是我们知道要让每一个人都满意是不现实的,如此自我要求反而会增加挫败感,使自己背负上更多的压力。不合理的归因也会增加压力。有些高中教师在遇到挫折情境时容易内归因,即认为是自己能力不足,自己做得不够好。如,上课时偶尔看到有的同学不好好听课,就会认为是自己讲得不够好。其实,这个学生可能在哪个老师的课上都不好好听课。像这样的归因方式就会增大教师的压力。

（二）人格类型

当今社会，压力已成为我们生活中的一部分。那么面对如影随形的压力，为什么有的教师不堪重负，惶惶终日，产生焦虑、抑郁情绪，更有甚者不能承受压力之重而结束了自己的生命，而有的教师面对同样的压力，却能泰然处之，解压有道。这不能不说是高中教师自身的差异造成的。研究发现高中教师压力感受与人格特征相关。有些人是属于压力易感性的人格类型。例如，在生活工作中，A型人格的人、性格内向的人对压力的感受性较高，更容易体会到压力，受压力的影响也更大。A型人格的人争强好胜，成就欲强，办事匆忙，常有时间紧迫感，愿意从事高强度的竞争活动，强迫自己在最短的时间里做最多的事情，对自己的工作要求高，不断给自己施加压力，这种人格类型的人体验到的压力必然会更大。而性格内向的人，不善于倾诉和与人沟通，他们在面对压力时更容易感受到压力，而且更难以排解压力，受压力的不良影响也更大。[1]

通过以上分析，我们发现，高中教师的确是一个高压力的职业群体，而其中最主要的压力源有四个方面：人际关系、高考、班级管理和课程改革。高中教师所面对的长期的、强大的压力会带来哪些严重的后果，又会造成哪些危害呢？下一章将展开详细论述。

---

[1] 黄立芳、张新军、颜红等：《高三教师压力水平与人格特质的关系》，《中国健康心理学杂志》，2010 年第 11 期，第 878 页。

第三章

春蚕到死丝方尽
——高中教师压力的危害及对策

第一节

行到水穷处
——高中教师压力的危害

国内外诸多研究显示,教师职业是社会各行各业中压力最大的职业之一。在各类教师队伍中,高中教师因为要承担高考任务,所以职业压力更甚。教师职业压力对教师具有两重性,适度的压力能引起积极的反应,例如集中注意、激发斗志、促进思考等,但过度的职业压力会对教师自身生理、心理和行为产生消极影响,并由此影响教师的职业兴趣、职业态度和职业行为,进而可能影响教师教育教学的效果与质量,还会不可避免地给学校教育教学工作甚至社会带来直接或间接的负面影响,形成一系列的连环效应。

一、压力对教师自身的危害

一般而言,职业压力对教师的消极影响多于积极影响。教师的职业压力反应通常表现在生理、心理两个方面。

（一）对生理的影响

当个体面对压力事件或情境时,身体各器官会迅速进入"备战状态"以适应各种压力。相应地,生理方面会有一系列的变化,神经系统与腺体会进行一系列活动来对抗或逃避压力。如呼吸加快、血压上升、肠胃蠕动减少,甲状腺激素和肾上腺激素分泌增多等。如果压力过大或持续过久,个体难以承受,则容易导致身心耗竭,产生疾病或加速机体老化。有关研究发现,持续的焦虑、沮丧、紧张和缺乏信心会加速已有疾病的恶化或影响身体防御系统正常工作,使身体免疫力下降而易患疾病。医学权威们估计大约有一半或四分之三的疾病和意外事故都与压力过度有关。一些研究成果表明,承受较高压力的人员患心脏病的可能性是常人的 2 倍,遭受第二次心脏病打击的可能性是常人的 5 倍,得致命心脏病的可能性是压力较低人员的 2 倍。以上数据清楚地警示:工作压力在一定程度上会影响人的健康与寿命。据调查,由于超负荷的教学科研工作,许多青年教师都患上了颈椎病、失眠症,中老年教师基本都处于亚健康状态,教师 40—50 岁是死亡的高峰期。[①]

链接

教师过劳死谁买单

西方哲人说:生命在自己的哭声中开始,在别人的泪水中结束,这中间的过程就是幸福。当生命的华章在不该结束的时候戛然而止了,谁该为这打了折的"幸福"买单呢? 一则消息:年仅 31 岁的滑县万古镇一中初二(3)班班主任杜继红老师,因劳累过度永远地倒在了她那间办公室兼宿舍的屋子里。经医生诊断,杜老师系劳累过度引发脑血管病变死亡。

在教师节或者感恩节,鲜花掌声轰轰烈烈地抽象出了"教师"的光辉形象。那些牺

---

① 高贵如:《高校教师压力分析及自我调适对策》,《高等农业教育》,2008 年第 8 期,第 34 页。

牲个人休息时间、牺牲家庭幸福,甚至献出生命的教师,如期成为教育行政部门、媒体追捧的对象。丧失人本关怀和人文悲悯的所谓"带病工作"、"倒在讲台"在文字影像间渐渐成为高大全的师德基点,万人景仰。萧亮中在"过劳死"里走了,焦连伟在"过劳死"里走了,高文焕在"过劳死"里走了,杜老师亦然……

我敬重杜老师或其他同行的伟大与荣光,但任何行业道德都不是以冰冷的生命流逝去奠基的。在今天这样一个崇尚人本、尊重个人感受的社会中,"过劳死"的一个又一个教师,是多么值得警醒的昂贵寓言啊!网上流传的教师十大压力可以为"过劳死"聊做注脚:工作要超负荷、教育科研要多面手、职称评定要有门路、学生成绩要年年月月周周负责……教师过劳死的背后是"制度短缺"的惶惶真相,是社会利益分配格局严重不均衡的副产品。社会给了我们热爱教育的自由,也请赋予我们珍爱生命的权利吧。

[资料来源]中国少儿网论坛少儿空间,http://hn. rednet. cn/c/2006/01/08/79582/. htm.

(二)对心理方面的影响

长期繁重的职业压力不仅损害了教师的身体健康,而且给他们的心理带来种种困扰,甚至导致心理疾病。2001 年 4 月,国家中小学心理健康教育课题组曾经对辽宁省168 所中小学 2 292 名教师进行过心理健康检测,结果显示:51.23%的教师存在心理问题,其中 32.18%的教师属于"轻度心理障碍",16.56%的教师属于"中度心理障碍",2.49%的教师已构成"心理疾病"。而天津市有关专家调查统计,教师中患精神疾病的占 10%以上,远高于其他职业人群的 2%的平均水平。职业压力对教师心理的影响主要表现为以下几个方面:

1. **认知效率下降**。在认知上,当个体认定某一压力事件或情境具有威胁性时,处在压力之中的教师产生的强烈的情绪和对眼下问题的过分注意,往往会削弱他们弄清问题的能力,使他们很难对问题做出正确的判断和合理的推论,有时还会出现一种以上的认知障碍,如注意力、记忆力、想象力等活动效率降低,思维僵化,判断力和创造力下降等。

2. **情绪失调**。在情绪上,压力的情绪反应是多样化的,从较正向的精神振奋到普遍的负向情绪,而大部分压力带来的多为负面的情绪反应,如紧张焦虑、忧郁、沮丧、愤怒等。面对压力事件或情境时,个体的应对若是无效的,自我效能感就会下降,个体就容易产生不安、心情烦乱、自责愧疚、无助等负性情绪。大多数人在高度压力下会变得浮躁、容易动怒、恐惧,甚至情绪失控。

3. **行为异常**。当个体长期面对压力事件或情境又难以应对时,就容易出现不良行为反应。主要表现为:易冲动,常发脾气,兴趣和热情减少,睡眠被搅乱,暴饮暴食或食欲不振,有的人抽烟、喝酒次数增多,有的人甚至出现网络依赖、药物依赖、自杀等后果严重的行为。表现在职业行为方面,长期处于高度压力下的教师在处理和认知事物时常常错误百出,工作专心程度下降,甚至以消极怠工、旷工或离职等方式逃避工作带来的压力。

链接

一女教师砍死5个月大的儿子　亲手杀子后自杀未遂

据海南特区报报道,2003年10月16日上午约8时20分,海南省定安县教育局某宿舍区发生一幕惨剧,一名23岁的女教师用菜刀亲手砍死了自己5个月大的亲生儿子后,又用刀割破自己左手腕动脉和砍破头部自杀,被120送往医院抢救,已基本脱离生命危险。

警方了解到,案发前几天,吴老师表现异常,有时从学校回家就直接躺在地板上睡觉。她还曾扬言要掐死亲生儿子,丈夫以为她是在说气话。她有时独自唉声叹气,曾对家人表示,她工作上的压力很大,但没有引起家人的重视。警方初步认为,吴老师杀死亲生儿子后自杀,可能是因工作压力太大造成精神错乱所致。

[资料来源]新华网,http://news. xinhuanet. com/newscenter/2003-10/17/content/128197. htm.

4. **人际冲突**。在人际交往方面,有些人在压力下变得对人冷淡、不热心助人;与他人交流时往往沉溺于倾诉自己的不满，没有耐心听取他人的劝告或建议；无法用一种理智的、没有伤害的、对后果负责的方式表达自己或有效应对，常常表现出攻击性行为，如此很容易与人发生冲突，从而导致与同事、学生、上下级、学生家长以及自己家人之间人际失和，矛盾激增。比如具体到师生关系上，高压下的老师可能会失去对学生应有的耐心与尊重，对学生抱有怀疑、歧视甚至敌意的态度，谩骂或体罚学生等。虽然这些消极行为的出现，不能全"归功"于压力的存在，但过高压力的存在确是教师消极行为的诱因之一。

5. 职业枯竭。当职业压力达到一定程度的时候，还会引发职业枯竭现象。职业枯竭（Job Burnout）又称"工作倦怠"，是指在工作重压下的一种身心疲惫的状态，感到身心能量被工作耗尽的感觉。在众多的职业中，警察、医生、教师等群体比较容易出现职业枯竭。职业枯竭主要表现为三种行为反应：(1)情绪衰竭，指处于职业倦怠的教师表现出疲劳感，性急易怒，容忍度低，并且在情绪上缺乏热情与活力，有一种衰竭、无助感，并对生活冷漠、悲观；(2)去个性化，指教师对学生逐渐失去耐性和同情心，以消极嘲讽的态度对待学生，同时对待同事也常常持不友善的态度；(3)成就感降低，指教师在工作中效能感降低以及对自己消极评价的倾向增长。① 职业倦怠会严重影响教师的身心健康并导致其行为方式发生变化，从而降低他们的生活质量，影响个人及组织的健康发展。

视窗 3-1

教师职业倦怠调查表

想要了解自己是否已经患上了职业倦怠症吗？职业规划专家专门设计了一套职业倦怠测试，能帮助你了解自己的"倦怠状况"。好，现在测试开始，请不要犹豫，看懂题意后马上作答，然后计分：

---

① 林文瑞：《教师职业倦怠与教师的心理健康教育》，《福建师范大学学报（哲学社会科学版）》，2004 年第 6 期，第 135 页。

1. 你是否感觉工作负担过重,常常感觉难以承受,或有喘不过气来的感觉?

A. 经常　　　　　　　　B. 有时候会　　　　　　　　C. 从来不会

2. 你是否感觉缺乏工作自主性,往往领导让做什么就做什么?

A. 经常　　　　　　　　B. 有时候会　　　　　　　　C. 从来不会

3. 你是否认为自己基本上待遇微薄,付出没有得到应有的回报?

A. 经常　　　　　　　　B. 有时候会　　　　　　　　C. 从来不会

4. 你有没有觉得组织待遇不公,常常有受委屈的感觉?

A. 经常　　　　　　　　B. 有时候会　　　　　　　　C. 从来不会

5. 你是否会觉得工作上常常发生与上层不和的情况?

A. 经常　　　　　　　　B. 有时候会　　　　　　　　C. 从来不会

6. 你是否觉得自己和同事相处不好,有各种各样的隔阂存在?

A. 经常　　　　　　　　B. 有时候会　　　　　　　　C. 从来不会

7. 你是否经常在工作时感到困倦疲乏,想睡觉,做什么事儿都无精打采?

A. 经常　　　　　　　　B. 有时候会　　　　　　　　C. 从来不会

8. 你是否以前都很上进,而现在却一心梦想着去度假?

A. 经常　　　　　　　　B. 有时候会　　　　　　　　C. 从来不会

9. 你是否在工作上碰到一些麻烦事时急躁、易怒,甚至情绪失控?

A. 经常　　　　　　　　B. 有时候会　　　　　　　　C. 从来不会

10. 你是否在工作餐时感觉没食欲,嘴巴发苦,对美食也失去兴趣?

A. 经常　　　　　　　　B. 有时候会　　　　　　　　C. 从来不会

11. 你是否对别人的指责无能为力,无动于衷或者消极抵抗?

A. 经常　　　　　　　　B. 有时候会　　　　　　　　C. 从来不会

12. 你是否觉得自己的工作不断重复而且单调乏味?

A. 经常　　　　　　　　B. 有时候会　　　　　　　　C. 从来不会

总得分:把各题得分相加,选 A 得 5 分,选 B 得 3 分,选 C 得 1 分。最终结果:

12—20 分,很幸运,你还没有患上职业倦怠症,你的工作状态不错,继续努力哦。

21—40 分,你已经开始出现了职业倦怠症的前期症状,要警惕,请尽快调整,你需要为自己的职业状况进行反思和规划,以提升你的职业竞争力。

41—60分，你很危险，你对现在的工作几乎已经失去兴趣和信心，工作状态很不佳，长此以往极不利于个人的职业发展，最好尽快向职业规划方面的专家求助。

［资料来源］http://nihaopp.com/psychology/psychics/class/200903/44451.html.

二、教师压力对学生的危害

（一）对教学效果的影响

处在压力状态下的教师不可避免地被消极心境所笼罩，在一定时间内，他们的一切体验与活动都染上同样的色彩。这些不良心境不仅会降低个人智力活动的效率，而且易使教师在教育活动中逐渐失去对学生的爱心和耐心，经常迁怒于学生，动辄训斥、辱骂、体罚学生，使学生感到莫名其妙或心情压抑，紧张不安。结果，最终导致师生形成消极互动，教学效果大打折扣，影响教学工作的有效进行。

（二）对学生心理健康发展的影响

教师作为"人类灵魂的工程师"，如果自身存在心理问题，势必会把自己的问题带到教育教学活动中，伤害到学生的身心健康。许多体罚学生的行为背后，掩藏的往往是教师一颗扭曲的灵魂，这样的教师不再是"人类灵魂的工程师"，而是扼杀孩子心灵的"刽子手"！所罗门教授说："在个体人格发展方面，教师的影响仅次于父母。一个孩子如果拥有甜蜜的家庭，享有父母的爱，又得到一个身心健康的教师，那是无比幸福的。相反的，如果他既不能从父母那边得到足够的关怀与爱护，又受到情绪不稳定的教师的无端困扰，必将造成身心发展的问题。"[1]对教育活动而言，教师因自身心理不

---

[1] 孙慧：《关于教师职业压力负面影响的研究》，《教育探索》，2004年第10期，第97页。

健康对学生身心造成的危害远远超过因其教学能力低下对学生学业所产生的影响,心理不健康的教师只会源源不断地"制造出"心理不健全的学生。

链接

都是心理压力惹的祸？海南一教师体罚学生的启示

近些年,教师体罚学生的案例,成为公众关注的又一焦点。在这些案例中,一方面教师体罚学生的行为受到了谴责——作为人类灵魂的工程师,他们绝不应选择暴力的方式。但另一方面,这些教师在教育学生过程中,为何会选择暴力的方式也引起了人们的深思。

孩子身上的 11 处伤痕

一位体罚受害者小岳的家长张女士说:"5 月 7 日孩子放学回家脱衣冲凉时,发现他上身与双臂布满红肿的伤痕,仔细检查上身及两臂共有 11 处伤痕。再三追问才知道是教生物的吴老师用雨伞殴打所致。"据小岳说,因为与同学嬉闹时手腕扭疼,两人出校门买红花油时遇到另一个老师,因怕挨批评,他们撒谎说:"没带课本,吴老师不让进教室。"下午上课时吴老师把他们叫出教室,在教室外走廊上开始用雨伞的铁柄殴打。

"看不见的伤痕"

在采访中,一些老师认为:"吴老师的教学水平和人品都不错,在同事和学生中口碑一直很好,发生这样的事可能与心理压力过大有关。"一些教学优秀的老师也坦言:"压力大的时候也想过体罚学生。"

针对这些老师所说的心理压力问题,海南大学人文学院的焦应勤教授表示,教师属于高压力群体,他们要面对来自个人家庭方面的问题,也要面对升学指标的压力;还有繁重的教学任务,批改学生作业、备课、进修学习等。如果这些压力没有得到有效释放,往往会以暴力的方式发泄出来。

记者也查阅了有关资料,2005 年全国教师心理健康普查显示,在 8699 名填写了调查问卷的教师中,超过 80% 的被调查教师反映压力较大,近 30% 的被调查教师存在严重的工作倦怠,近90%存在一定的工作倦怠,近40%的被调查教师心理健康状况不佳,20%的被调查教师生理健康状况不佳,超过60%的被调查教师对工作不满意。

心理健康教育期待完善

那么,教师心理压力问题如何解决?有关专家表示,解决教师心理压力问题的根源还在教师心理健康教育上。然而,调查表明,这方面的现状仍然不容乐观。一方面,很多学校都因为种种原因,忽视了教师心理健康辅导;另一方面,作为教师的主要输出方的各类师范院校,在未来教师的心理健康教育上也不尽如人意。有关专家则表示,教师心理健康教育分为先期教育和后期辅导两个方面,一方面是针对在职教师,学校应该注重调查,及时掌握教师的心理动向,及时减压,把心理压力的负面影响降到最低;另一方面,各类师范院校也应在教师人才输出过程中,提前进行心理健康教育指导,增强学生自我调节能力,提供善于解决师生矛盾的教师人才。(记者赖志凯 实习生王凡)

[资料来源]新华网,http://www.xinhuanet.com/chinanews/2006-05/19/content_7038406.htm.

三、教师压力对学校的危害

过度压力使得教师以一种消极的、否定的、麻木不仁的态度和情感去对待自己的工作和身边的人。不管原先抱有多大的热忱和理想,一旦出现职业倦怠,职业倦怠者通常工作热情完全丧失,都会逃避工作,害怕面对上班的时间,对工作的进度和质量漠不关心,缺乏责任心、团队合作精神和集体荣誉感,甚至消极倦怠,这些都会削弱组织凝聚力,从而导致组织的工作效率下降甚至部分职能丧失。

四、教师压力对家庭的危害

面对繁重的工作任务和升学压力,许多可敬的老师都选择放弃家庭,一门心思扑到学生身上——老人生病了,没有时间照顾;孩子升学了,身为教师的自己却没有时间辅导；爱人事业处于发展关键期需要扶持，但也无暇顾及——如此一来，势必引发家庭的矛盾，破坏家庭的和谐。还有一些教师"照亮了别人，燃烧了自己"，重压之下，心力交瘁、疾病缠身，反过来还需要家人的照顾，甚至生活出现困境，这让很多教师都感到愧对家人。还有一些时候，我们的老师在工作中累了一天或者遇到问题难以排解，回到家中不愿做家务或不愿与外界交往，变得冷漠、缺乏热情，甚至把工作中引发的负性情绪带回到家中，对家人发牢骚、发脾气，这也会引发或加剧家庭矛盾与冲突，从而导致家庭危机。

五、教师压力对社会的危害

高中教师过度的职业压力对教师自身、学生、家庭等的上述负面影响是显性的，并可能进而对社会产生隐性的消极影响。因为，社会对人才的需要主要通过学校教育来实现，学校教育要发挥培养人才、促进社会发展的功能，必须将社会对教育的要求以课程为载体，最终达到受教育者个体发展的终点。在这个层层内化的过程中，教师是关键的中间环节，如果"教师"的职业压力给"学校"和"学生"都带来了负面影响的话，那么这些影响对社会造成的负面效应也是不言而喻的。[1]

---

[1] 孙玮：《重点高中教师职业压力来源与应对策略的研究》，东北师范大学硕士学位论文，2008 年，第 8—10 页。

第二节

坐看云起时
——高中教师压力应对的一般策略

高中教师所面对的压力是巨大的,其危害也是毋庸置疑的,如何应对压力,减少压力对教师的危害呢？这就涉及压力应对的问题。有关研究发现应对策略是工作负担和枯竭之间的调节变量,采用适应性应对策略的教师在枯竭水平上比采用忽略或避免问题情境应对策略的教师要低。应对策略可以从外部、内部两方面探讨。

一、改善外部环境,增强社会支持感

现代教师之所以面临前所未有的压力与整个社会大环境密不可分。现存的教育制度、与付出不相称的工资待遇、过高的社会期望值等等,是造成教师压力的根本原因。因此,要从根本上缓解教师的压力,需要全社会一起努力,积极行动起来,为教师减压营造一种良好的外部氛围,提高社会支持,这主要包括社会和学校两个方面。

（一）社会方面

1. 国家应加强教育制度的改革。传统的应试教育不仅是压在学生身上的"泰山"，也是套在教师脖子上的一根无形的绳索，令教师心灵窒息，苦不堪言。虽然从上世纪末中国开始新一轮的教育改革——从应试教育向素质教育转变，但并没有从根本上解决问题。教育改革不仅没有给教师减轻负担，甚至是加重了负担。因此，教育的改革不仅要关注学生，给学生减负，同时也要关注教师，给教师减压。为此，一方面，国家应进一步改革升学制度，废除以升学成绩评价教师的制度，改革教师职称评定制度，消除不公和腐败因素，确立科学、合理的教师评价体系，以减轻教师的工作压力和心理压力；另一方面，在改革过程中，应把教师放在重要的位置，把教师视为关键性因素，深入了解教师的想法，注意倾听教师的心声，请教师建言献策、参与策划，并通过具体的政策与措施提供各种支持，帮助老师尽快适应改革，以此提高教师参与改革的积极性、主动性和自信心。

2. 提高教师的工资待遇。与教师工作的高压力、高投入、高付出相比，教师的工资待遇明显与之不相称。尤其对于经济欠发达的地区及乡镇，教师的工资甚至难以养家糊口，从而发生像下文中的悲剧。为了避免类似悲剧的发生，国家应该真正提高教师待遇，严格落实教师待遇的各项制度，保证中国教师享有一个起码的有尊严的生活。另外，国家要在政策层面上对所有教师的工作给与认可，在经济上给以公平的、一视同仁的肯定，要尽量缩小地区和校际之间的教师待遇的差别，只有这样，才会使所有教师真正体会到来自全社会的关爱，缓解职业带来的压力。

链接

徐闻下洋一中学教师服毒自杀

碧海银沙网讯（记者/关家玉　编辑/文和若水）记者昨日从徐闻县教育部门得到证实：徐闻县某中学年仅24岁的男教师林某，9日晚被发现在家中服农药自杀身亡。

据学校负责人介绍,林老师于 2012 年 2 月被(县教局)分配到该校工作,在该校工作期间,林某工作勤奋踏实,与同事相处和睦。另据知情人透露称,林的月薪约 1300 元,自杀原因疑与工资待遇低、生活压力大有关。

[资料来源]碧海银沙网,http://www.xwie.com/news/newsshow-8400.html.

3. 对教师角色客观评价,理性期待。社会对教师这一角色给予了很高的评价:"人类灵魂的工程师"、"辛勤的园丁"、"太阳底下最光辉的职业"……这一方面是对教师工作的积极肯定,但另一方面也引发人们对这一职业的过高期待。尤其是学生家长"望子成龙,望女成凤",对教师提出过高的要求,一旦出现过失不依不饶,缺乏宽容。戴着这些神圣光环并在家长"虎视眈眈"、"热切期盼"的目光注视下,老师们变得谨小慎微、如履薄冰。其实,教师也是人,也会有一些缺陷与不足,也会犯一些常人所犯的错误,只要没有触犯相应的法规,社会应该给予适当的包容和理解,对教师这一角色进行客观评价和合理期待,为教师营造一个相对宽松的社会和心理环境,使"尊师重教"真正落到实处,从而使所有教师体会到来自全社会的理解、支持与关爱,缓解职业带来的压力。

(二)学校方面

学校是教师的职业场,这个"场"既可能是一个教师在此"厮杀"奔波、身心俱疲、"伤痕累累"的"战场",也可以成为教师践行自我、温馨和谐、实现各自人生价值的心灵港湾。因此,学校作为微环境对教师的减压起着重要的调节作用,应该从以下几个方面营造良好的气氛,缓解教师压力:

1. 要创立以人为本的学校管理体系。学校积极、宽松、和谐、合作的支持环境对缓解教师的工作压力、减少教师职业倦怠感至关重要。学校领导要正视教师的合理需求,坚持"以人为本"、实行"民主管理",善于发现人才、使用人才、培养人才,待人公平,处事公正,为教师构建和谐的心理时空,使教师以饱满的精神、良好的状态走进课堂。

2. 建立社会支持系统。国外许多研究曾发现,教师职业倦怠与教师缺乏社会支持的知觉有很高的相关,因此,在学校内部,应建立起教师与教师之间高度的社会支持系统,加强学校的心理、人文、软硬件环境建设,努力营造一种互相团结、互相帮助、互相尊重、平等相待的民主宽松的"情感校园",建设学校自然景观和人文景观的和谐统一,使教师在精神上有安全感、充实感、神圣感、温馨感、舒适感,从而缓解孤立无援的工作压力。

3. 改革教师评价制度,建立发展性教师评价机制。发展性教师评价是一种面向未来,以促进教师未来发展为目的的形成性评价。发展方向上,发展性教师评价立足现在、兼顾过去、面向未来,重视教师未来发展和促进教师自身不断成长。

4. 普及"心理健康"知识,提高教师对心理健康的认识水平。另外,要建立学校教师心理档案,设立教师交流场所和心理咨询机构,切实帮助高中教师提升心理健康水平和应对危机的能力。

5. 学校应做到不断为教师提供职业成长的机会,帮助老师提高专业素养与技能,以有效地应对课改,提高职业自我效能感。

社会和学校等外部环境仅仅是外因,外部因素具有不可控的特点,作为教师要想缓解工作带来的压力感不能仅依靠外部因素的改变,缓解压力的关键在于内因,即提高个人内在的心理素质。这就需要高中教师掌握一些心理调适的知识和方法,根据自己的心理情况进行适当的自我调整,通过强大自己的内心来缓解紧张,解除压力。

二、改变自己,提高内在心理素质

(一)学会改变自己的认知,多角度看问题

对压力大小的感知与教师本人的认知评价有着密切的联系。面对压力,高中教师要学会驾驭,尽量去除事件的负面影响,寻找事物积极的内核,构建良好的认知结构。Richard 提倡在压力事实面前要进行积极的思维,试着看到"阳光而不是乌云"。不妨

换一个角度对待工作压力："没有狼群，鹿迟早是要灭绝的。"有关研究发现，适度的压力可以激发人的免疫力，从而延长人的寿命。对于必须面对的压力，不逃避，愉快地接受、积极应对，压力也可以变为动力。

（二）学会控制情绪，保持情绪稳态

职业压力中的教师情绪多表现为：莫名的紧张、焦虑、压抑、忧郁、暴躁、沮丧、悲观失望，缺乏自信，想发脾气，自我效能感下降等等。心理学家 Gross（1998）提出将情绪调节分为原因调节和反应调节。所谓原因调节就是对引起情绪的原因进行加工和调整。如学校教育中，有的教师感到自己能力不足，于是通过向同事学习或外出进修等方式提高自己的教育教学技能与水平，增强教学效能感与可控性，以此来避免职业压力带来的紧张、焦虑等消极情绪。而反应调节是指个体对已经发生的情绪在生理反应、主观体验和表情行为等方面进行调节。例如，不良情绪已经发生的时候，可以参加文体活动，听听音乐、散散步，做做肌肉放松训练等。[1] 这两种调节都有助于使人保持情绪稳态。

（三）改变不良行为，合理宣泄

处在压力中的人往往伴有不良情绪，在不良情绪已经发生时，人们往往萎靡不振，出现社会退缩和放弃以前喜欢的活动，或者诱发不良行为，如吸烟、喝酒、体罚学生等。有压力固然要宣泄，但作为一名教师，宣泄的方式应是健康积极的，如将自己的烦恼苦闷对亲近和信任的朋友、亲人倾诉，写信、写日记等，或在一个空旷无人的地方放声大喊，或做一些平时感兴趣的事情，或暂时离开困扰的环境外出旅游，在大自然中陶冶自己的情操。

---

[1] 赵建华：《中学教师职业压力及自我心理调控策略研究》，《心理科学》，2002 年第 3 期，第 374 页。

（四）调节成就动机水平

成就动机是指个体在完成某种任务时力图取得成功的动机。它与抱负水平密切联系，心理学的研究结果表明成就动机水平太高或太低都不利于任务的完成，而且持续过高的成就动机会降低个体的主观幸福感。鉴于成就动机与压力水平的相关，调节成就动机有助于缓解压力。对于成就动机的调节，首先要认识自我，包括自己的个性、兴趣、优缺点、工作能力及所承担的角色。从实际出发制定切实可行的目标，避免把目标定得太高或者过于理想化。要意识到自己不是全能的，不可能每件事都做得很出色，因此在面对很多繁冗的事情时，放弃进行不下去的事情、优先解决当前的最大压力事件都是比较好的应对策略。[①]

（五）形成良好人际关系，建立社会支持系统

心理研究发现，人类的心理适应很大一方面就是对人际关系的适应，具有良好人际关系的个体心理健康水平就高，对挫折的承受力和社会适应能力就强，在社会生活中也就愈成功。因此，作为高中教师，应该妥善处理师生、同事、上下级的关系，学会宽容、接纳和理解他人。在行为交际中，逐渐学会尝试付出，从中体会生活的乐趣。

（六）健康生活，进行有效的时间管理

教师一天的工作是非常繁重的，身心无休止的疲劳会形成恶性循环，降低教师的工作效率进而增大职业压力感。因此，教师要通过各种方式做到劳逸结合，放松自己。

---

① 李莉莉：《新疆高校少数民族教师职业压力应对策略研究》，《晋城职业技术学院学报》，2010 年第 4 期，第 65 页。

首先,在日常生活中,教师要注意养成健康的生活方式,保持身体健康、精神愉快。其次,要进行有效的时间管理,周详地规划时间,注意事情的轻重缓急,减少因延误耽搁而产生的压力源。

以上是针对高中教师职业压力调适一般策略的概要论述,在下一编中,我们将从改变认知、调节情绪、培养意志、塑造个性、管理人际、健康生活等几个方面展开全面而详细的论述和探讨,以期为高中教师朋友们提供更加细致具体、切实可行的指导策略。

视窗 3-2

教师减压十招

第一招——提高课堂教学效率,精讲多练为上上策。课堂上用三分之一的时间重点讲解,三分之二以上的时间组织练习,既巩固了新知识,又可以大幅度地减少学生的课后作业量,学生欢迎,你也可以腾出许多时间干别的。

第二招——充分利用记忆规律,巩固知识点、能力点和考点,减少学生的复习用时,也就减轻了你自己的负担。学生对所学知识的掌握程度与记忆规律直接相关,在教学设计时,注意按记忆规律安排教学,使学生所学在规律的作用下自然地达到熟练程度,就不用担心他们应对考试。

第三招——备课重视"两个利用",减少重复劳动,节省时间和精力。一是利用好旧教案,在旧教案的基础上把变化了的因素加以考虑,再加上日常有关该课的一些知识、方法的积累,就很容易在最短时间内形成高质量的新教案;二是要充分利用网络资源,并结合学生实际的问题,生成教案也就容易快捷得多了。

第四招——多浏览本专业新的学科报刊,积累和借鉴最新研究成果,缩短思考某些问题、寻求最佳解决方法的时间。很多优秀教师在报刊上发表的教学方法、体会、心得等拿来稍加改造即可运用,但注意结合自己的实际,不要完全照搬。

第五招——不要真生学生的气。学生的顽皮和捣蛋是不可避免的,有时确实需要拉下脸来让学生明白他们的行为过分到了让老师生气的程度,需要收敛、反思、改正。但转过身来,我们就应让生气的心绪飞往九霄云外,不要去跟学生较真,方是明智之举。

第六招——以平常心对待先进、优秀等等荣誉，工作干到问心无愧即可。教师也是很平凡的工作，只要尽心尽责，无愧于学生即可，不要被荣誉所累，一切顺其自然，人无奢望心自静，平常心是身体健康的良药。

第七招——花公家的时间，锻炼自己的身体。每天跟着学生坚持锻炼身体，对于愉悦身心、缓释紧张的工作压力、提高工作效率都是十分有利的，用的又是工作时间，我们何乐而不为呢？

第八招——积极参与正常的集体活动和社交，少交酒肉和牌场朋友。多参与集体活动，可以从紧张的工作氛围中得到一段时间的解脱，使身心得以休息。另一方面，交一些酒肉朋友或牌友，不是愉悦身心，而是自我摧残身体，应当远离这类"朋友"。

第九招——再忙也不在星期天工作。工作是永远干不完的，如此，不妨休息日的时候索性把工作暂放一边，与家人、朋友一起开开心心彻底放松，使身心从工作中彻底解脱出来，得到完整的休整、全面的恢复。

第十招——"经营"好家庭，建好自己的避风港。舒心温暖的家庭是每个人解除疲劳、休憩身心的最佳处所。用心"经营"自己的家庭，使之成为温馨的避风港。

[资料来源]http://www.cersp.net/userlog8/91757/archives/2009/1234153.shtml.

第二编

理论

第四章

一念一天堂，一念一地狱
——调整认知　缓解压力

第一节

人生就在转念间
——认知：压力管理的核心

一片落叶，你也许会看到它"零落成泥碾作尘"的悲惨命运，但换个角度想，你便会发现它"化作春泥更护花"的高尚节操；一根蜡烛，你也许会感叹它"蜡炬成灰泪始干"的凄惨结局，但也可以赞美它在黑暗中给人带来的光明；一支粉笔，你也许会惋惜其短暂的生命旅程，但也可以羡慕它在短暂的一生中播满了知识的种子。这种不同是由于人们对同样的事情存在着不同的认知导致的。

左右着人们对客观世界主观感受的重要因素就是人的认知。我们一般习惯将认知与情感、意志相对应，认知指人认识外界事物的过程，即对作用于人的感觉器官的外界事物进行信息加工的过程。认知过程是人最基本的心理过程，它包括感觉、知觉、记忆、想象、思维等。人脑接受外界输入的信息，经过头脑的加工处理，转换成内在的心理活动，再进而支配人的行为，这个过程就是信息加工的过程，也就是认知过程。个体对客观事物的认知方式和认知态度，对其情绪和情感有决定性作用，直接影响个体的心理健康。

一、认知与心理健康

认知对情绪和行为有极其重要的影响。我们产生什么样的情绪和行为,都有赖于个体对情境所做出的评价。错误的认知会使我们产生不合理的情绪,不合理情绪又会导致过激的行为,进而形成各种心理问题。可见,错误的认知是产生心理疾病的根源,改变人的不合理及错误信念是纠正不良的情绪或行为的一种非常有效的方法。

(一)心理与行为问题的产生根源——不合理信念

埃利斯(A. ElliS)于 20 世纪 50 年代在美国创立了合理情绪治疗(Rational-Emotive Therapy,简称 RET),其基本理论为 ABC 理论。ABC 的理论要点是情绪不是由某一诱发性事件本身所引起的,而是由经历了这一事件的个体对这一事件的解释和评价所引起的。ABC 代表了 3 个英文字的字首:A 是指诱发性事件(Activating events);B 是指个体在遇到诱发事件之后相应而生的信念(Beliefs),即个体对这一事件的看法、解释和评价;C 是指在特定情景下,个体的情绪及行为的结果(Consequences)。

人们通常认为,人的情绪及行为反应是直接由诱发性事件 A 引起的。而 ABC 理论则指出,诱发性事件 A 只是引起情绪及行为反应的间接原因;而 B——人们对诱发性事件所持的信念、看法、解释才是引起人的情绪及行为反应的直接原因。同样的事件,如果持合理的信念与看法,就会唤起理性的情绪与行为;反之,不合理的信念往往是情绪困扰与行为异常的根源所在。

视窗 4-1

11 类不合理信念

埃利斯通过临床观察,总结出日常生活中常见的产生情绪困扰,甚至导致神经症的 11 类不合理信念,并分别对其不合理性做了分析,主要包括:(1)个人绝对要获得周围环境尤其是生活中每一位重要人物的喜爱和赞许。(2)个人是否有价值,完全在于他是否是个全能的人,即能在人生中的每个环节和方面都能有所成就。(3)世界上有些人很邪恶、很可憎,所以应该对他们做严厉的谴责和惩罚。(4)如果事情非己所愿,那将是一件可怕的事情。(5)不愉快的事总是由于外在环境的因素,不是自己所能控制和支配的,因此人对自身的痛苦和困扰也无法控制和改变。(6)面对现实中的困难和自我所承担的责任是件不容易的事情,倒不如逃避它们。(7)人们要对危险和可怕的事随时随地加以警惕,应该非常关心并不断注意其发生的可能性。(8)人必须依赖别人,特别是某些与自己相比强而有力的人,只有这样,才能生活得好些。(9)一个人以往的经历和事件常常决定了他目前的行为,而且这种影响是永远难以改变的。(10)一个人应该关心他人的问题,并为他人的问题而悲伤、难过。(11)对人生中的每个问题,都应有一个唯一正确的答案。

[资料来源]http://www.xinli001.com/info/2688/.

（二）不合理信念的三个特征

对于人们所持有的不合理的信念,韦斯勒(Wessler)等曾总结出下列 3 个特征,这就是:绝对化的要求(demandingness)、过分概括化(overgeneralization)和糟糕至极(awflizing)。

绝对化的要求是指人们以自己的意愿为出发点,认定某一事物必定会发生或不会发生的信念。这种信念通常是与"必须"(must)和"应该"(should)这类字眼联系在一起的,如"学生必须好好学习"、"我必须得到学生的尊重"、"良好的课堂应该鸦雀无声"等。这样的信念过于极端,追求完美,很容易在现实中碰壁,从而陷入情绪的困扰。

链接

2003 年教师节前夕,上海林紫心理咨询中心为该市教师进行心理健康测试,结果表明,有 40%以上的教师存在不同程度的心理问题,5%的人已出现了明显症状,它们集中表现为情绪低落、精神不振、焦虑、过分担心、不安全感、睡眠障碍、内心冲突、人际关系过于敏感等,严重的甚至出现了强迫、抑郁等症状。无独有偶,早在 2000 年 4 月,国家中小学心理健康课题组也曾对辽宁省 14 个地市 168 所城乡中学的 2292 名教师进行过心理检测,结果表明:有 51.23％的教师存在心理问题,其中 32.18％的教师属于轻度心理障碍,而 2.4％的教师已构成心理疾病。跨度三年,但结论依旧,它昭示了一个重要问题,那就是我们再也不能漠视教师的心理素质和心理健康问题了。为什么会出现这种状况,教育心理学家的研究结论道出了个中原委:教师职业角色的神圣感与实际社会地位间的差距、教师的完美主义心态是导致他们出现心理障碍的首要原因。而教师职业角色的神圣感和教师的完美主义,都与教师的认知有关,都属于教师常见的不合理信念。

[资料来源]中小学教育博客群,http://blog.eduol.cn/group.asp? gid=44&pid=204274.

过分概括化是一种以偏概全、一概而论的不合理思维方式的表现。埃利斯曾说过,过分概括化是不合逻辑的,就好像以一本书的封面来判定一本书的好坏一样。过分概括化的一个方面是人们对其自身的不合理的评价。每个班级里都存在学习困难的学生,一些教师认为为了教育这些学习困难的学生,自己付出了那么多心血,但是却没有成效,自己真是"太没用了",简直"一文不值",真是"废物"等。这样以自己做的某一件事或某几件事的结果来评价自己整个人,评价自己的价值,其结果常常会导致自责自罪、自卑自弃的心理,以及焦虑和抑郁的情绪。过分概括化的另一个方面是对他人的不合理评价。在有些老师眼中,学习高于一切,一个学生只要学习不好,就对其进行全盘否定,以有色眼镜视之,认为其一无是处,一味地对其进行责备。以一件事的成败来评价整个人是一种理智上的法西斯主义,因为在这个世界上,没有一个人可以达到完美无缺的境地。在现实生活中,要学会对事不对人,评价一个人的行为而不是去评价一个人。

糟糕至极是一种认为不好事情的发生将会是一场非常可怕、非常糟糕的灾难。这种想法会导致个体陷入极端不良情绪体验(如耻辱、自责、焦虑、悲观、抑郁等)的恶性循环之中而难以自拔。糟糕的本意就是不好、坏事了的意思,而当一个人说什么事情糟透了、坏极了的时候,这往往意味着对他来说这是最最坏的事情,是百分之百的坏,坏得不能再坏了,是一种灭顶之灾。当一个人沿着这种思路想下去,他就把自己引向了极端的负面情绪之中。糟糕至极常常是与人们对自己、对他人以及对自己周围环境的绝对化要求相联系而出现的,即在人们的绝对化要求中认为的"必须"和"应该"的事物并未像他们所想的那样发生时,他们就会感到无法接受这种现实,无法忍受这样的情景,他们的想法就会走向极端,就会认为事情已经糟到极点了。比如一些教师会这样认为:自己辛辛苦苦工作,学生不配合,考试成绩拖后腿,家长和领导还以为我没本事,影响自己的声誉又影响考核成绩,还有什么前途可言呢?

在人们不合理的信念中,往往都可以找到上述 3 种特征。每一个人都或多或少地会有不合理的思维与信念,而那些具有严重情绪障碍的人,这种不合理思维的倾向更为明显。情绪障碍一旦形成,往往难以自拔,这时就需进行治疗了。

（三） 与教师压力有关的不合理信念

对埃利斯提出的 11 种不合理信念,有研究者将其分为了三大类:外部赞许(如,个人绝对要获得周围环境尤其是生活中每一位重要人物的喜爱和赞许;个人是否有价值,完全在于他是否是个全能的人,即能在人生中的每个环节和方面都能有所成就)、责任推移(如,不愉快的事总是由于外在环境的因素,不是自己所能控制和支配的,因此人对自身的痛苦和困扰也无法控制和改变;人以往的经历和事件常常决定了他目前的行为,而且这种影响是永远难以改变的)和规则绝对化(如,世界上有些人很邪恶、很可憎,所以应该对他们做严厉的谴责和惩罚;对人生中的每个问题,都应有一个唯一正确的答案),其中外部赞许和责任推移与教师压力密切相关。[①]

外部赞许,指的是对于获得外部评价和认可较为重视。当今社会是一个价值观念多元化、竞争日趋激烈的社会,社会各界对教师角色的期望与要求呈现出过高与过多

---

① 郭志峰:《初中骨干教师不合理信念与压力源的关系研究》,《健康研究》,2011 年第 6 期,第 431—434 页。

的趋势。对于当今社会中出现的教育问题,人们往往不能理性地认识,而是简单地把责任归咎于教师,教师承担的责任远远超过了他们的能力范围,教师工作不可能获得社会各界的赞成和认可,教师压力也就与日俱增。由于教师职业本身与外部认可有很大关系,如果教师不能合理认知,这些压力将会导致十分严重的后果。

链接

老师=亚历山大

家长对老师说:我的宝贝还小,你要用心教他,因为你是老师;

领导对老师说:学生成绩不好,你要用心提高,否则要你下岗;

政府对老师说:你们先好好干,你们和公务员同工同酬,法律规定的有望很快实现;

专家对老师说:要改善教学方法,只有教不好书的老师,没有教不好的学生;

社会对老师说:你是园丁,你是蜡烛,教师是太阳系里最光辉的职业。

老师说:

我被家长责问得哑口无言,

我被领导恐吓得噩梦连连,

我被教师法骗得有冤难辩,

我被专家羞辱得无地自容,

我被社会捧上天后摔了个半死!

[资料来源]红豆社区,http://hongdou.gxnews.com.cn/viewthread-7087446.html.

责任推移,指的是面对问题时倾向于进行外归因,期待依靠外部力量解决问题。如果教师习惯于对问题进行外归因,那么他的工作过程和结果将取决于外部因素,不能由自己控制,这种失控和无法预期的状态会给自己增添更多压力;另外,习惯于责任推移的个体面对困难时会更多地选择退缩、逃避,不仅不能解决困难,反而会加大困难,导致更大的压力。网名为"过去的风月"的网友在其帖子中写道:"现在学校老师一味追求成绩,说学习成绩差的学生拖后腿,影响自己考核和工资,建议家长带孩子去测智商,如果测出来确实是智商问题,就可以向上面交代,不是自己教不好,确实这孩子智商有问题,自然也就不影响自己的考核了。"

二、认知在缓解压力中的作用

日常生活中,压力无处不在,又不可避免。有的人被压力击垮,从而一蹶不振,而有的人在压力面前却过得十分轻松,充满斗志。这其中的奥妙就在于,前者消极面对压力,而后者却能对压力进行有效的管理。在压力管理过程中,个体认知起着核心作用。认知在缓解压力中的作用主要有三:认知评估作用、调节控制作用、人格的影响作用。

1. 认知评估作用

拉扎鲁斯(Lazarus)曾指出,认知影响压力相对强度的方式有三类:第一,认知结果是模棱两可的;第二,对客观事件严重性的评估;第三,面对事件,当事人对自己能力的评估。认知结果不同,感受到的相对压力会有很大的差异。

根据拉扎鲁斯的理论,首先是否把面对的事件定义为压力事件会影响压力感的强度。当面对相同的事件时,如果个体将其评估为压力事件,压力感就会顿生;相反,如果个体认为这个事很普通,没什么了不起,那就不构成什么压力,所以,个体对事件性质的认知评估起着很大的作用。这就如同面对半杯水,有的人说"太好了,还有半杯水",而有的人却说"真倒霉,只剩半杯水了"。前一种人是善于驾驭压力的人,因为他经常从积极的角度来看待问题;而后一种人是自寻烦恼的人,因为他看问题的角度是消极悲观的。如果能调整看问题的视角,善于变消极思维为积极思维,我们的压力感就会减轻。

链接

古时候,有个老婆婆总是不停地在一座寺庙前哭泣,晴天哭,雨天也哭,人们都叫她哭婆婆。一天,有个老和尚问她:"老人家,你为什么哭得这么伤心?"老婆婆说:"我有两个女儿,大女儿卖伞,小女儿卖布鞋。晴天的时候,大女儿的雨伞卖不出去;雨天的时候,又没有人去买小女儿的布鞋。她们挣不到钱,可怎么生活啊!一想到这些我就难过。人呀,怎么这么难?"说完,又悲悲切切地哭了起来。"老婆婆,你为什么不反过来想呢?晴天,你小女儿的鞋店前门庭若市;雨天上街的行人又都往你大女儿的伞铺里跑。这样不是就不苦了吗?"老婆婆觉得他的话有道理,便听从了他的劝告。从此天天笑得合不拢嘴,哭婆婆变成了笑婆婆。

[资料来源]道客巴巴,http://www.doc88.com/p-20624181019.html.

其次,对客观事件严重性的评估会影响压力体验。过高地评估客观事件的严重性,会增强焦虑情绪的程度,增加压力。例如,两个人一起在街上闲逛,迎面碰到他们的领导,但对方没有与他们招呼,径直走过去了。其中一人这样想:"他可能正在想别的事情,没有注意到我们。即使是看到我们而没理睬,也可能有什么特殊的原因。"而另一个人却可能有不同的想法:"是不是上次顶撞了他一句,他就故意不理我了,下一步可能就要故意找我的岔子了。"[①]两种不同的想法就会导致两种不同的情绪和行为反应。前者可能觉得无所谓,该干什么仍继续干自己的;而后者可能忧心忡忡,以至无法冷静下来干好自己的工作。

最后,当事人对自己能力的评估会影响压力的相对强度。面对压力事件,如果个体信心满满,自信能够驾驭压力,有效解决问题,那即使客观存在压力,也不会产生强烈的主观的压力感,会表现得比较从容自信,坦然自若;但如果自我能力评估过低,认为自己没有能力驾驭面临的压力,就会增强焦虑情绪,增强对压力体验的强度。

链接

美国麻省大学阿默斯特学院曾进行过一项很有意思的实验,实验人员用很多铁圈将一个小南瓜整个箍住,以观察南瓜逐渐长大时,对这个铁圈的压力有多大。最初,他

① http://www.psycofe.com/read/readDetail_436.htm.

们估计南瓜最多能够承受大约500磅的压力。在实验的第一个月,南瓜承受了500磅的压力;第二个月,南瓜承受了1500磅的压力;当南瓜承受了2000磅的压力时,研究人员必须对铁圈进行加固,以免南瓜将铁圈撑开。结果,整个南瓜承受了超过5000磅的压力后才瓜皮破裂。研究人员打开南瓜后发现,它已经无法食用,因为它的中间充满了坚韧牢固的纤维,试图突破包围它的铁圈。为了吸收充足的养分,以便突破限制它成长的铁圈,它的根部甚至延展超过八万英尺,最后这个南瓜独自控制了整个花园的土壤和资源。人类同样如此,我们都可以在压力中生存。但当个体长期处于高压状态,他的行为方式可能会发生改变,就像南瓜的畸形改变一样。所以,我们一方面要对自己承受压力的能力有信心,另一方面又要寻找一条不危害身心健康的抗压之路。

[资料来源]全国中小学教师继续教育网论坛,http://club.teacher.com.cn/topic.aspx?topicid=3822221.

2. 调节控制作用

认知对压力的作用,还有另一条途径,即当事人是否认为自己能够控制局面,即是否能够自主地控制或调解压力的出现与发展,是否能够自由地调整自己的适应行为。如果认为某一压力自己不能控制,就称这一压力为不可控压力;如果认为某一压力自己能够控制,则称这一压力为可控压力。毫无疑问,不可控压力给当事人带来的压力体验要远远大于可控压力。对局面的控制类型大概有三类:第一,行为的自我控制;第二,认知的控制;第三,环境的控制。

行为的自我控制。行为的自我控制指的是,在压力下对自己的行为有无主动权的问题。人的任何东西都可以被拿走,但有一样例外——人最后的自由,在任何环境中控制自己行为的自由。如果个体能够有效地控制自己在压力条件下的行为反应,就能够避免压力带来的一系列消极行为,自然体验到的压力强度就会相对较小。如果个体无法控制自己的压力反应,那么压力条件下的一系列消极的行为就会随之产生,这些消极的压力行为反过来又会增加个体的压力感,并且缺乏控制感本身也会给个体带来压力,这样就陷入压力的恶性循环中,无法自拔。

认知控制。认知控制指的是,在压力下,对自己的思维活动有无自主权的问题。我们的情感和行为是由我们对外界事物的看法决定的。只要能够控制思维,就能控制行为。而事实上,正是我们自己驾驭着自己的思维,才决定了对外界事物的看法。一旦我们学会依照自己的选择控制个人的思维活动,我们就踏上了一条通往"智慧"的康庄大道。因为我们把思维活动视为一种可选的因素,而不是生活中必然无法改变的因素,这正是人的个性自由的关键所在。

环境的控制。环境的控制指的是相信自己可以用各种方式来影响周围的环境,至于结果的好坏,则取决于自己所采取的方式。如个体相信自己可以控制压力环境的出现和消失,那么相对压力感就会减轻,这有利于个体充分调动自身和环境中的各种资源来应对压力事件,这会进一步减轻个体的压力。这样个体会形成一种认知,即由于自己对环境的有效控制,使得压力减小。

3. 人格的双向影响

人格是个体比较稳定的心理特征,如相对稳定的世界观和人生观都体现在人格特征之中。因此,面对压力时,如何对待、理解和处理事件,都会受到人格特征的影响。控制源就是一种稳定的个性心理特征,它指个体对行为及其后果的一般看法。控制源有两种主要的倾向:外控型和内控型。外控型人格和内控型人格对与个人相关事件的发生,有不同的归因,就必然对事件有不同的态度,不同的态度就会影响对压力强度的体验。

外控型人格者认为生活中的主导力量是外力,自己对自己如何生活是无能为力的。他们很少积极地用自身力量去解决问题,对社会支持和压力应对策略的运用较少,从而容易导致不良的压力反应。

内控型人格者认为在生活中发生的事件根源在自身,成功是个人努力的结果,失败是自己的失误,相信个人行为、努力和能力是事情发展的决定因素。

在面对压力时,由于归因方式不同,内控者相信经过努力之后可达到目标要求,内控者在遭遇到压力事件后,很少怨气,所以体验到的压力强度就比外控型人格者低。

外控者很少从自身下手寻找原因，总是倾向于怨天尤人，容易引发不良的压力反应。

　　从如上的描述可以看出，认知在人们适应外部世界的过程中发挥着巨大的作用，人的认知具有主观能动性，能够对客观事物进行评价，能调节和控制对事物的认识，能够通过影响人格来影响人的情绪和行为反应。而且在社会认知理论中提到，人类具有预先思维能力、自我反思能力、自我调节能力等，说明个体完全有能力调整自己的认知，使自己能够更好地适应这个世界。那么对于高中教师来说，究竟应该从哪些反面入手，该如何调整认知呢？

第二节

态度决定一切
——缓解压力　从"知"开始

生活中有压力是自然的、不可避免的。压力就像一把双刃剑,适度时可激发人的潜能,产生积极的效应;过大时则会让人精疲力竭,甚至引发疾病。为了生存、成长和发展,我们必须学会有效地处理压力,以减轻过度压力给我们身心所带来的伤害。而有效管理压力的前提是"知",我们必须对压力有一个客观而全面的认知,才能针对源头下手,缓解压力。正所谓:"先知而后行,行必有所为。"

一、冷静分析,寻找压力源

要想缓解压力,首先必须对症下药,找到自己的压力源来自哪里。根据有关研究证实,高中教师压力源主要包括八个方面:领导与管理压力、工作负荷压力、考试与升学压力、学生压力、人际关系压力、自我身心压力、社会压力、职业发展与晋升压力。[①] 正如列夫·托尔斯

---

① 许延礼、高峰强:《高中教师工作压力源量表的初步编制》,《当代教育科学》,2003 年第 21 期,第 43—44 页。

泰的那句名言——"幸福的家庭都是相似的,不幸的家庭各有各的不幸",高中教师的压力也不例外。对于每个教师而言,压力源因人而异。有的教师压力可能是来自超负荷工作,有的教师可能是在为人际关系而苦恼……我们应结合自己的实际情况,从这八个方面入手,分析自己的压力源到底来自于哪里。只有正确认识了自己的压力源,才能从问题出发,寻找正确的解决方法。因此,我们不妨依照压力的高低给自己列出一个压力源的清单,明白自己的压力究竟出自哪里。只有真正找到自己的压力源,才能针对性地缓解压力。一旦将压力源一一列出,你就会发现,只要各个击破,其实并非如想象中的那么"压力山大"。

二、转换视角,变压力为动力

我们常说:"有压力才有动力。"对于无法逃避也无从选择的压力,我们不仅要认识到它的消极面,还要认识到它的积极面。著名心理学家罗伯尔曾说过:"压力如同一把刀,它可以为我们所用,也可以把我们割伤。那要看你握住的是刀刃还是刀柄。"因此,教师要改变对压力的看法,不要把压力看成完全负面的东西,要认识到压力的积极意义。对压力要抱有接受的态度,认识到压力无所不在,是人人都会体验到的正常心理现象。有的教师在压力大的时候,总是幻想着如何逃避,例如幻想换一个轻松的没有压力的工作。其实,成功的背后是靠一条"压力"之路走出来的。在现代社会,不管从事什么职业,压力都是不可避免的。认识到这一点,才会有驾驭压力的积极态度,才会在面对压力时,积极主动地做事,不会让压力左右自己,成为压力的主人而非压力的奴隶。

链接

一艘货轮卸货返航,在浩瀚的大海上,突然遭遇巨大风暴。老船长果断下令:"打开所有的船舱,立刻往里面灌水。"水手们担忧:"险上加险,不是自找死路吗?"船长镇定地说:"大家见过根深干粗的大树被暴风刮倒过吗?被刮倒的都是没有根基的小树。"

水手们半信半疑地照着做了。虽然暴风巨浪依旧那么猛烈,但随着货仓里的水越来越满,货轮渐渐地平衡了。船长告诉那些松了一口气的水手:"一只空木桶是很容易被风打翻的,如果装满水负重了,风是吹不倒的。在船负重的时候,是最安全的时候;空船时,才是最危险的时候。"

[资料来源]腾讯读书,http://book.qq.com/s/book/0/23/23625/19.shtml.

三、整合资源,提高可控感

在应对压力时,有很多资源可供我们利用,这些资源被统称为应对资源。应对资源是指个体在面对应激事件时所拥有或能支配的东西,比如个人品质(包括自信、自我控制等)、社会支持、认知技能、健康和经济支持等。觉察到自己拥有足够多应对资源的个体更少地感觉到有压力。首先,因为他们更倾向于将压力源看作是一种有益的挑战,而不是令人不快的应激源。其次,在压力面前,足够多的应对资源可以帮助他们缓解压力。我们要充分挖掘周围可利用的资源,积极调动、合理整合各种资源,以提高对压力的可控感,最终达到减缓压力的目的。

应对压力的资源具体有哪些呢? 有研究者将其分为 6 个维度,它们分别是自信、社会支持、压力控制、计划性、自我定向和体质健康。这些维度反映了个体的应对资源水平和对资源的利用水平。每个维度具体含义如下:[①]

1. 自信:自信是指个体对自己能够控制应激源或控制自己的情绪的确定程度。在面临压力时,自信高的个体更能冷静和有效地应对压力。

2. 社会支持:社会支持是指来自家人和朋友的支持。个体所能觉察到、所能利用的支持是应对压力时的有效资源,它能够扩展应对资源,起到预防或减弱压力源的作用。

---

① 魏成毓:《大学生人格特征与压力应对资源关系研究》,四川师范大学硕士学位论文,2003 年。

3. **压力控制**：压力控制是指对身体和精神上的控制。压力所产生的影响是精神和身体双方面的，因此个体对紧张感和压力感的控制同时包括了身体和精神上的控制。压力控制高的个体在应对压力源时，能够调整自己，预防压力的产生。

4. **计划性**：计划性是指制定计划和实施计划的能力。计划性高的个体能够有效地制定和实施计划，改变压力反应的行为方式，这一特征能够为个体提供有效的行为支持。

5. **自我定向**：自我定向又称自我指导，包括声称和坚信两个方面。在个体应对压力时，自我定向能够起到集中资源和调整要求水平的作用。

6. **体质健康**：体质健康包括健康状况和精力状况。健康状况良好、精力充沛的个体在应对压力源时，能更有效地容忍和躲避。身体状况本身也可能成为一种压力源。

以上 6 种应对压力的资源可以分为两类，主要的一类是我们自身的应对资源，包括自信、压力控制、计划性、自我定向和体质健康，另一类是社会支持。由此可见，在面对压力时，只有靠我们自己的努力才能脱离压力的魔掌。我们在应对压力时，应该首先从自身的这 5 个方面入手寻找自己现有的可用资源，找到自己的优势资源，同时不要忘记向亲人朋友寻求帮助。只要意识到自己有充足的资源来应对压力，即使并不一定这些资源都是可用的，但只要个体自己感到还拥有应对资源，就会在一定程度上减轻压力感。

四、客观评价，提高教师自我效能感

班杜拉认为，自我效能感是个体对自己在特定的情境中是否有能力去完成某种行为的期望。期望包括两部分：结果期望和效能期望。结果期望是指个体对某一行为可能导致某一结果的推测；效能期望是指个体对自己实施某一行为的能力的主观判断。根据班杜拉的自我效能感的这两部分，有学者认为，教师效能感也可分为两部分，即一般教育效能感和个人教学效能感。前者是指教师对教与学的关系，教育在学生发展中的地位等问题的一般看法；后者是指教师对自己能够给予学生以积极改变的能力的判断,即对自己教学效果的认识和评价。① 自我效能感水平直接影响着教师的教育工作表现。自我效能感高的教师,相信自己的教学能使学生成才,因此会投入信心和精力来工作,遇到困难和挫折时易乐观面对,积极克服;相反,自我效能感低的教师会采取逃避策略,忽视自己的能力和努力,无法面对工作中的压力。

那么教师应该如何增强自我效能感呢? 那就是要正确评价自己,不能妄自菲薄。不能一味地关注工作中的不足和失败,要能看到自己工作中的闪光点。教师可以通过下面几种方法来增强自我效能感。

1. 学会称赞自己,奖励自己。多关注自己成功的点点滴滴,哪怕是一个小小的进步,也要对自己进行积极的肯定。从一定意义上讲,人是为肯定而活的,来自内在的自我肯定,是生命永不枯竭的动力。学会称赞自己,必定能够增强教师自我效能感。

2. 重新调整期望值,给自己确定一个符合实际情况的工作目标。这个目标不能过高,过高的目标实现起来有很大的困难,不容易成功,极易损伤自我效能感;目标也不能过低,过低的目标没有挑战性,就是达到了也不会增加自我效能感;制定目标应把握的原则是,要有一定的挑战性,但是要通过努力就能到达,这样才能增强自我效能感。

3. 经常保持乐观的心态,以乐观的情绪来对待周围的人与事物。在不能改变客观环境等的条件下,积极调整自己的心态,使自己快乐起来,接受现实。因为抱怨和苦恼毕竟不能改变什么,所以要做一个豁达的人,遇到挫折和压力要想开一点。

4. 自我暗示。自我暗示是指运用内部语言或书面语言的形式来调节情绪。积极的暗示对人的情绪和行为具有奇妙的作用,既可以松弛过分紧张的情绪,也可以激励自己。如,"这次公开课我一定可以表现得很好"、"我的学生都是最棒的,我们一定能够融洽相处"等。教师如果能够经常进行积极的自我暗示,就能提高自己的教学效能感。

---

① 王晓红:《试论高校教师自我效能感及其提高策略》,《武汉职业技术学院院报》,2007 年第 2 期,第 36—39 页。

5. 加强归因训练。心理学研究表明,归因对人的行为、情绪和期待都具有重要影响。正确的归因能帮助个体树立对自己的信心,这将有利于教师自我效能感的提升。如何正确归因,下面我们将进行详细论述。

五、正确归因,增强自信

自卑和自信是人们在自我形成过程中,对自己能力、价值、目标和潜能的认识和体验。目前,由于种种原因,一部分高中教师出现了归因偏差,因而自卑感较重,缺乏自信心,容易产生严重的心理压力。下面让我们来学习如何进行正确归因。

归因就是人们对他人或自己的某种行为或倾向的原因进行分析、解释的过程。归因理论就是人们用来解释自己与他人行为因果关系的理论。韦纳在研究人们对成功与失败的归因倾向时认为,人们往往会从内在和外在方面进行归因,并且还考虑原因的稳定性。因此,他把个体成败的归因分为 4 类:能力、努力、工作难度和运气。韦纳进一步认为,个体把自己的成败归因为何种类型,对其本人将来的行为有很大影响。他指出,把成功归结为内部原因(努力和能力),会使人产生满足和自豪,而把失败归结为内部原因,会使人感到羞耻和沮丧;把成功归因为稳定因素(任务难度和能力),会提高以后的工作积极性,把失败归因为不稳定因素,会降低以后工作的积极性。由此可以看出,适当积极的归因可以提高教师的自尊和自信心,增强自我效能感;而不适当的消极归因会使教师自暴自弃,丧失信心。

我们如何才能做出正确的归因呢?对于那些总是将失败归因于能力差的教师,我们建议他们应该把失败归因于自己努力不够,使自己相信只要努力就可能成功,从而增强信心;对于那些将失败归因于努力不够而实际上又十分努力但依然没能取得成功的教师,我们建议他们应该把失败归因于自己的教学方法可能还不够科学,这样就能积极学习正确的教学方法,从而找到自己失败的原因;对于那些教学成果一贯比较差且深有内疚感的教师,我们建议他们不妨将原因引向外部,从而减轻自己的心理压力;最后,对于那些总将教学失败归因于不可控因素的教师,我们建议他们在教学和班级管理过程中创设一系列的活动,通过努力获得成功的经验,从而让自己相信教学成绩的好坏是自己能够控制的。

六、调整心态,正确认识竞争

当今世界到处呈现迅猛的发展,激烈的竞争无处不在。教师之间当然也存在竞争,如,职称评定的竞争、奖金的竞争、荣誉称号的竞争等等。我们时刻面临竞争的挑战。竞争既可以推动我们不断进步,也能使我们身心疲惫,倍感压力。所以我们应该调整心态,正确认识竞争,不要把竞争简单地视为压力。

首先,我们必须面对现实,承认竞争的存在。我们应该知道,有竞争就有成功者和失败者。面对竞争,我们不要太在意结果,应该保持一颗平常心。不要时时处处与别人比,尤其是不要拿自己的短处与别人的长处比。你可以分析一下你所有熟悉的人,他们一定有超越你的地方,但也一定有不如你之处。

其次,竞争是一把双刃剑,既有其积极的一面,也有其消极的一面。竞争能激发人的积极性,培养人的进取心,使人充分调动生理和体力上的潜能,获得精神和心理上的满足。但是,竞争也容易使人在长期的紧张生活中产生焦虑,出现心理失衡、情绪紊乱等问题。我们要充分利用竞争的优点,不断在竞争中提升自己的能力。同时,我们要努力克服竞争带来的负面影响,缓解由于竞争带来的压力和焦虑等。

最后,我们要正确评价自己,对自己有一个客观、恰当的评估。在制定目标时,既不好高骛远,又不妄自菲薄,能够审时度势、扬长避短、脚踏实地、一步一个脚印。

七、积极谋划,规划人生蓝图

"有了目标,内心的力量才会找到方向,茫无目标的飘荡终归会迷路,你内心那座无价的金矿,也终因不开采而与平凡的尘土一样。"人天生就有逃避不确定性的倾向,虽然人的未来是不确定的,但是人们总是倾向于积极谋划,使未来变得相对确定。如果一个人的未来充满了太多不确定性和未知性，那么人就会感到压力，因此每个人都会为自己规划人生蓝图，教师也不例外。只有明确了自己的未来规划和人生目标，我们才能减少对未知的茫然，也才能拥有不断进取的动力。

但是，目标的选取要合理，而合理目标制定的前提就是正确的自我评估与定位。自我评估对教师职业目标的确定非常重要。只有通过自我评估，才能找到明确的职业发展方向。这里的评估包括个人发展的优势、劣势、周围环境的现状等等。每个人的实际情况不同，通过自我评估而制定的职业目标也会因人而异。在实际目标的确定中，采取自我评价与他人评价相结合的方式，能够有效弥补自身主观认知对自我评估的影响。

我们在制定目标时，经常会犯一个错误，认为目标制定得越高越好。事实上，这是不对的。过高的目标往往伴随着过高的压力，通常是不会取得好结果的。与其制定一个不可能完成的高目标，给自己带来压力，不如制定一个合适的目标。合适的目标应该是建立在自我评估基础之上的，是跳一跳就能够得着的目标，经过努力之后可以达成的目标。这样的目标才具有吸引力，我们才会愿意努力去完成它。

目标是需要分解的。在我们制定目标的时候，要有最终目标和阶段目标。最终目标是宏大的、引领方向的目标，而阶段目标是具体的、有明确衡量标准的目标。比如，一个新参加工作的高中教师，他的最终目标是成为他所在学校的校长，那么阶段目标可能就是在3年内成为自己所带级部的级部主任。这就是目标的分解。阶段目标还可以进一步分解，比如首先成为班主任等。当目标被清晰地分解了，目标的激励作用就显现了。当我们实现了一个目标时，我们就及时地得到了一个正面激励，这对于培养我们挑战目标的信心有非常重要的作用。

第五章

不以物喜，不以己悲
——调节情绪　释放压力

　　高中教师每天都面临着居高不下的工作压力和高考压力,造成了高中教师心理压力过大。过大的压力除了会给教师的身体健康造成不良影响外,在心理层面,极易激发教师紧张、焦虑、愤怒、烦躁、抑郁等不良情绪,进而可能引发更严重的后果,使教师陷入不良情绪的恶性循环。黄浦区教师进修学院的张俊老师分析说,教师的一些教育过失行为,绝大多数并非是师德问题,而是由于压力过大、过度焦虑,从而导致他们在工作中控制不住自己的情绪。因此,我们有必要通过合理调节情绪释放压力,维护身心健康。那么,高中教师由于压力导致的典型不良情绪有哪些呢？应该如何调适呢？

第一节

山雨欲来风满楼
——消极情绪:压力的信号

一、高压引发不良情绪

(一)焦虑

链接

教师的"开学焦虑症"

一位不愿意透露姓名的先生说,快开学了,最近,家里一大一小都在为开学而焦虑。"小"的是他正在上学的孩子,"大"的是他当老师的妻子。孩子对重新走进课堂的焦虑情有可原;不过,这段时间妻子的情绪似乎很暴躁,动不动就发脾气。经过交流和分析,夫妻得出一致结论:是开学影响了她的情绪。

心理学家说,教师的"开学焦虑症"与老师所承受的压力越来越大,越来越不容易体会到职业的成就感有关。为数不少的老师,一天几乎是 12 小时"泡"在学校里,每天像是在打仗,一位名校的老师说,一想到开学又要重新"上战场",你说我能不焦虑吗?另一名高中男教师说,想到又要面临各种排名和评价,就心烦意乱。校长向年段要分数,年段向老师要分数,老师不得不向学生要分数,搞得师生对立情绪严重。

调查发现,教师的开学焦虑症可以总结为以下四大规律:女教师比男教师更焦虑;中学老师比小学老师更焦虑;班主任比科任老师更焦虑;认真、负责任的老师更容易焦虑。

[资料来源]中国健康网,http://www.yaolan.com/zhishi/kaixuejiaolvzheng/15500.shtml.

教师的开学焦虑其实是教师职业焦虑的一个缩影或集中体现。不仅是在开学前,繁重的工作压力和各种考核任务,使高中教师无论是在考试前、各项考核前期,还是在紧张的日常生活中,都经常会体验到焦虑。焦虑是人在面临当前的或可能出现的某种威胁、危险时产生的紧张、不安、焦虑、痛苦的情绪体验。焦虑本身并不是一种病态反应,适当的焦虑有利于发挥潜能、解决问题和有效学习,但反应过强或持续时间过长,则会对教师的工作、生活乃至身心健康造成不良影响。在一项对教师心理健康状况的调查中发现,有焦虑症状的教师占被调查教师总数的 78.6%,可见,焦虑情绪在教师中比较普遍。

视窗 5-1

教师焦虑自检

如果你最近有以下症状,说明你可能过度焦虑。

1. 心理方面:(1)心烦意乱,坐卧不宁,看书及备课时无法集中精力,效率低;(2)丢三落四,记忆减退;(3)容易被激怒,爱发无名火;(4)情绪方面,紧张、不安、压力感强烈。

2. 生理方面:(1)入睡困难,噩梦连连,醒后觉得身体疲倦,四肢沉重;(2)头晕,头疼,耳鸣,在不熬夜的情况下,眼睛也有酸痛肿胀的感觉;(3)食欲不振;(4)心慌气短,血压升高,尿频尿急,总有便意。

3. 认知方面:(1)注意力不集中;(2)记忆力减退;(3)社会功能减退或丧失等。

[资料来源]http://sx.sina.com.cn/health/ssjf/2014-10-31/140083119.html.

（二）愤怒

链接

案例：我叫小林，是一名中学教师，从教十多年了，应该懂得教育规律，且已过了而立之年，按说已不会年轻气盛了。可是，发现那些行为不端的学生，我心中的无名之火就会不自觉地蹿上来。我知道应该宽容，也一直学习克制自己的情绪，但是，看见那些上课说话、做小动作或者睡觉、不认真做练习的学生，我心里就不舒服，教师的职业本能要求我必须管教他们，一句两句我还能保持语气平静，后来我就忍不住发脾气了，事后又很后悔，我知道发火既伤别人，又伤自己。可当时那种情景，我就是控制不住自己。对于学生的不良表现，我不可能视而不见，不闻不问，也许这是教师责任心的体现，应该没有什么不对吧？请问，我该怎么办呢？

［资料来源］中小学心理健康网，http://www.njxljy.com/Article_87/200546/070605-1.html.

上述案例中的这位教师可以说被愤怒的情绪深深控制，无法自拔。一般情况下，生气是正常的情绪反应，但如果动不动就发火，而且难以控制，就可能是心理出了问题。"怒火难消"是多方因素导致的，但最主要的原因是教师在工作中心理压力大。教师出于责任心，对学生有较高的心理期望，希望学生时时、事事都能按照自己要求的标准去行动；如果学生出现学习成绩不理想、不遵守纪律、不按时完成作业、与教师唱反调的时候，他们特别容易体验到那种付出与回报不成比例的心理落差感，进而引发情绪上的失衡，导致愤怒。此外，学校的评优、分配不公，领导打压、同事排挤也有可能引发愤怒。

教师也是普通人，盛怒之下有的老师会表现出非理性的冲动行为，如以大吼、骂人、拍桌子、撕作业本甚至暴力体罚的方式将怒气发泄到学生身上，这不但对学生造成了身心的伤害，挫伤了学生学习的积极性，也严重损害了自己作为教师的形象，伤害了师生感情。此外,教师有了愤怒情绪而得不到一定程度的克制,会严重影响课堂教学的流畅性和思维的逻辑性、严密性,影响学生的学习情绪和学习效果,引发师生矛盾。此外,不注意克制愤怒情绪也会影响与领导和同事的和谐交往。

（三）抑郁

链接

　　31 岁的女教师小王被男学生顶撞后像变了一个人。几乎不在家里发脾气的王老师,性格变了,她一回到家就唉声叹气,话明显少了,即使说话,声音也很低沉。有时还自言自语,说自己"脑子不行,转不动了",她整天情绪郁郁寡欢,一个人在家悄悄流泪。

　　放假了,看到王老师在家里闷着不愿意出门,也不想和别人说话,尤其是看到她晚上总是睡不好的样子,丈夫决定趁着放假带她看心理医生。经心理医生专业评估,王老师的抑郁情绪严重,已患上轻度抑郁症。

　　[资料来源]中华心理教育网,http://www.xinli110.com/xlzl/xj/yy/201012/192018.html.

　　抑郁是一种悲哀、沮丧、郁闷的情绪体验,是一种心理状态,主要表现为情绪低落、表情苦闷、行动迟缓,常感到力不从心、思维迟钝、联想缓慢,因而语言减少、语速缓慢、语音低沉或是整日沉默不语。抑郁是每个人都会有的情绪体验,人们遇到精神压力、生活挫折、痛苦的境遇或生老病死等情况,自然会产生情绪变化,尤其是抑郁情绪。而如果人长时间沉浸于抑郁情绪中,心情得不到舒缓和调节,就会导致抑郁情绪越来越严重,对人的影响越来越泛化,很容易演化为抑郁症,这是非常值得警惕的。

　　对于高中教师而言,每天除了给学生上课,还要集体备课、批改作业和辅导学生自习、给学生补课、管理班级、参加学校的日常事务、家访;教师自身还需要抽出时间来进修或自学,不断提高自己,以适应新课程改革、应付人事制度改革等。此外,多数高中教师都是中青年群体,他们要赡养长辈,抚育子女,家务负担非常繁重。要想兼顾家庭与事业,势必要付出更多的时间和心血。在如此繁重的脑力劳动下,他们根本无暇感受和体验生活,也就毫无美满与幸福可言。每天都日程满满的教师,往往感到身体疲乏,处理事务时头脑也常常处于混沌状态,他们在生活和工作压力下不堪重负,很容易觉得自己无用,甚至对未来的生活丧失信心,抑郁情绪也就在此时不期而至。

(四)冷漠

链接

老师的冷漠伤害了我

老闫的孩子叫小柯,性格比较内向,是个寡言少语的孩子。读高一的时候语文成绩很好,尤其写周记特别认真,会富有激情地说很多心里话和烦恼,每次交给老师后,就一直期待着老师的反馈。往往是苦等两星期后,周记才终于发下来,可上面只有老师签的日期,有的干脆只写了个"阅"字,老师似乎是惜墨如金。小柯是那样地希望老师能写几句评语,哪怕是寥寥几字也足以让小柯心怀感激……但终是没有。小柯语文卷子考得好,老师也不闻不问,考得差,也不管。小柯总觉得老师对他很冷,这使小柯感觉有些不满,每次上语文课或是去问老师题目都感到很压抑。

如此之后,小柯的热情消失殆尽,终于有一天,小柯厌倦了,开始不喜欢上语文课了,经常不交作业:交与不交都一样,反正老师也不怎么看……上语文课看课外书,终于被老师发现,请了家长,老闫非常生气,把小柯狠狠教训了一顿。自那以后,小柯对老师的不满变成恨,渐渐地语文成绩下降,成了老师眼中的差生。老闫看着心急,没办法,只好托人把小柯转到别的学校。因为转学,小柯还降了一级。

[资料来源]铁血网,http://bbs.tiexue.net/post2_3074021_1.html.

在学生的心中,老师是社会的典范、人类的楷模、父母的替身,他们像花草树木趋向阳光一样趋向老师,想和老师谈谈学习和生活的感受,期待能聆听老师的教诲,得到老师的关心。如果老师漠视学生思想和情感沟通的需求,甚至连对学生最起码的尊重和关心都没有,那会多么伤害学生的心灵!我国现代教育家夏丏尊说:"教育如果没有情感,没有爱,如同池塘没有水一样。没有水,就不能称其为池塘,没有爱就没有教育。"

但在实际的教育岗位中,却有相当一部分教师无视学生的情感需要和感受,用冷漠和疏离的态度对待教学工作。教师冷漠的原因,有的是由于自己对职业本身丧失了兴趣,觉得教师工作枯燥无味,干什么也没劲;还有的是因为在学生管理工作中屡屡受挫,久而久之,耗尽了对工作的热情和耐心,于是不再努力探索教育和管理学生的方法,而是放任自流,听之任之;但更多的时候,是由于工作压力大和入不敷出导致了教师工作积极性的丧失。教师的职业发展道路中会遇到很多的挑战,家庭、住房、职称、收入、人际关系等方面都可能遇到不如意。微薄的收入与繁重脑力劳动的巨大反差导致教师心理上的失衡,从而使他们丧失了工作积极性,除了教书以外,对学生疏于关心,冷眼相对。

以上是教师在工作压力面前常出现的几种负性情绪。这些负性情绪不加以及时调整,一方面会使压力感加剧,造成恶性循环;另一方面还会对教师的心理行为产生消极的影响,使教师的身心健康及工作效率受损。

二、不良情绪的影响

链接

别把你的坏情绪带进课堂

听一位老师的数学课,两次的效果大不相同。第一堂课,课堂上这位老师始终满面春风,当学生回答的问题出彩时,还不时发出爽朗的笑,学生也跟着笑,学生积极讨论,敢于举手发言,在愉快的气氛中学生都参与到了学习中。很多知识误区在学生的答语中显示出来,经过课堂讨论、纠正,学生轻松愉快地学习了知识,掌握了解题技巧。

第二堂课，还是这位老师，可能是因为几个学生迟到影响了她的心情，也可能是遇到了什么不开心的事情，课堂上她始终绷着脸，言语中带着严厉，学生答错了，她也失去了讨论纠正的耐心。看得出这位老师一直在努力控制自己没有发火，但整堂课也没有见到她阳光般的笑容。学生大多都不敢说话，只有几个学生轮流回答问题，课堂气氛沉闷，几个学生趴在了桌子上。整堂课师生在压抑中度过，在教室听课的老师都感到很难熬。

同一位老师的课，截然不同的效果，原因不是因为老师的课堂准备、课堂活动安排，以及教学内容上的差异，而是截然不同的情绪态度给课堂带来了不同的影响。

[资料来源]姚春凤：中报教育网，http://3y.uu456.com/bp_916cr5tqle37lydoyeno_2.html.

在以上材料中，我们可以看到情绪对于教学效果有着令人吃惊的巨大影响。教师带着良好的情绪走上讲台，会思路开阔，思维活跃，教学方式灵活多变，语言表达既准确又不失轻松诙谐，因此使得课堂气氛活跃，学生受到良好的鼓舞和启发，学习热情高涨，思维敏锐，记忆效果好；而消极的情绪氛围下，则会使学生情绪低落，反应迟钝，感觉一切活动都被一种抑郁的心境所笼罩，学习效果也就差了很多。

不良情绪不仅会直接影响课堂教学效果，还存在很多其他的负面作用，主要包括：

（一）影响正常能力的发挥。在不良情绪的笼罩下，教师在日常的课堂教学时会出现脑子一片空白、不知所云、思路中断、不断看表希望尽早下课等情况，尤其是在上公开课时，教师会因为情绪影响而不能按照课前基本的预设思路进行下去，如果是缺乏教学机智和临场应变能力的教师，很可能会在众多师生面前出很多"洋相"。

（二）影响人际关系。教师因为情绪不好，经常动不动就"上火"，导致与朋友的关系逐渐疏远，师生关系紧张，有些教师甚至将工作上积攒的不良情绪带回家庭，从而导致与家人的争吵，造成夫妻、亲子关系危机。

（三）影响身体健康。情绪与人的健康是息息相关的，正所谓"喜伤心、怒伤肝、思伤脾、悲伤肺、恐伤肾"。不良情绪能够损害人的健康,长期的不良情绪是教师身体健康的一大敌人。比如,研究显示,经常出现情绪紧张的教师,容易造成胃溃疡;经常生气、个性急躁的教师,则容易得心脏病和高血压。[1]

---

[1] 金忠明、林炊利编著:《走出职业倦怠的误区》,华东师范大学出版社,2006年版,第186页。

第二节

万紫千红总是春
——管理情绪 美化心情

被誉为"世界第一成功导师"、"世界第一潜能开发大师"的安东尼·罗宾斯曾说过这样的话："成功的秘诀就在于懂得怎样控制痛苦与快乐这股力量,而不为这股力量所反制。如果你能做到这点,就能掌握住自己的人生,反之,你的人生就无法掌握。"作为一名教师,要想成功地完成自己的教育使命,在工作中发挥出色,首先要做到的就是掌控好自己的情绪,我们不能指望一个郁郁寡欢的教师,能带着灿烂的笑容教好学生;也很难想象一位脸上写满疲惫与无力的教师,能够在教学上卓有成效。一位不善于控制和调节情绪、转变心境的教师,不但影响自己的身心健康和教学效果,还会给无辜的学生造成伤害。美国心理学家鲍德温研究了72 位教师与其 1 000 名学生的相互关系后得出结论："一个情绪不稳定的教师很容易扰动其学生的情绪;而一个情绪稳定的教师,也会使其学生的情绪趋于稳定。"那如何管理好我们的情绪呢? 以下是一些不错的建议。

一、常用的情绪调节技术

下面首先为教师们介绍几种一般的调节情绪的方法：

（一）自我赞美法

拿破仑曾说："自我欣赏或自我赞美，其本质正是对自我成功的一种最直接的暗示。如果一个奋斗者不断地告诉自己：我是最优秀的，我一定会成功！那么他就会有如神助。"激励和赞美，对任何人来说都是一种巨大的精神力量。这种方法的实施很简单：每天从早上开始记录自己的优点，不记缺点；或把自己的优点或者成功经历写在一张精美的卡片上，经常诵读，如"我是个非常负责的人"、"我相信自己的能力"、"我是个勤奋自强的人"等，久而久之，你会发现自己自信满满，心情也经常保持在良好的状态上。

（二）呼吸调节法

呼吸调节法是处理情绪波动的有效方法，通过深呼吸，波动的情绪能够及时稳定下来。比如在情绪紧张、激动时呼吸会变得短促，这时可以尝试用缓慢的呼气和吸气的练习来达到放松情绪的目的；当情绪低落的时候，则可以采用长吸气和有力的呼气练习，来提高情感的兴奋性。从生物学的角度看，快速呼吸会使体内纳入大量氧气，排出大量二氧化碳，可是如果二氧化碳呼出过多，会使血液中的二氧化碳失去平衡，时间一长，会使中枢神经做出抑制的保护性反应，情绪的兴奋性也会受到抑制。这时，如果采用加深或放慢呼吸频率的方法，一段时间内，就会起到安定情绪的作用。

（三）表情调节法

通常人们都认为是情绪引起人的反应。比如，当一个人兴高采烈时便会手舞足蹈，满面笑容；心情沉重时便会垂头丧气，肌肉松弛无力。但著名心理学家詹姆斯的研究表明并不完全是这样。恰恰相反，人们会因为哭而发愁，会因为发抖而感到恐惧。这就是说，人的情绪是可以由行为引发的。根据这种观点。人可以通过控制行为的方式来控制自己的情绪。例如，当你在生气的时候，可以找一面镜子，对着镜子努力做出笑容来，持续几分钟之后，你的心情会变得好起来。教师如果心情不佳，可以在上课前试试这个方法。

（四）环境调节法

良好的环境有助于营造良好的心境。在情绪不佳的情况下，可以尝试通过布置环境来达到创设良好心境的目的。如改变一下居室的布置，放放音乐，养花种草，这些都是改变环境的有效措施，对十情绪的调节有一定的帮助。或者美化自己的外表，暗示自己很有魅力，获得别人的表扬，提高自己的自信心，取悦自己。

（五）注意转移法

当情绪不稳定的时候，最好不要一味地纠缠在这件事情中，而要学会转移视线，或者去做一些其他的事情，这样你的情绪也会随着你的注意力的转移而改变。

（六）能量宣泄法

如果实在无法调节自己的情绪时，还有最后一个办法，就是尽量地把自己的不良情绪发泄出来。比如,找信任的人倾诉一下;对着大山喊,把自己的郁闷喊出来;还可以去跑步、打球,把自己的能量消耗掉,情绪也会得到很好的控制。

以上是几种常用的情绪调节法,那么教师在陷入常见的几种典型负性情绪时,又该如何应对呢? 下面分别对其进行具体介绍。

二、典型负性情绪的调节

(一) 逃离焦虑怪圈——缓解焦虑

焦虑是大多数高中教师心理的常态,要想减轻焦虑,首先要在认知上做适当调整。《圣经》中有一句富有哲理的话:"愿上天给我一颗平静的心,让我平静地接受不可改变的事情;给我一颗勇敢的心,让我有勇气改变可以改变的事情;给我一颗智慧的心,让我分辨两者!"教师可以尝试着按照这句话去修炼自己的心性,逐渐学会明辨我们能改变和要接受的事情,接纳现实中的种种缺憾和不完美,就可以缓解焦虑情绪,轻松很多。另外,我们还可以运用以下几种方法调节焦虑情绪。

1. **深呼吸。**当人感到焦虑时,脉搏会加速,呼吸也会加快,此时深呼吸可以使呼吸速度减缓,让身体相信焦虑已经过去。深呼吸应采用腹式呼吸,腹式呼吸的训练方法如下:保持坐姿,身体后靠,手掌放于肚脐上。把你的肺想象成一个气球,用鼻子长长地吸一口气,把气球充满气,保持 2 秒钟。再用嘴呼气,给气球"放气",你要用 4 秒的时间吸气,4 秒的时间呼气。每天多练习几次。

2. **活动下颚和四肢。**当人面临压力时,容易咬紧牙关。此时不妨放松下颚,左右摆动一会儿,以松弛肌肉,纾解压力。还可以做扩胸运动,因为许多人在焦虑时会出现肌肉紧绷的现象,引起呼吸困难。而呼吸不顺可能使原有的焦虑更严重。此时如果想恢复顺畅的话,可以上下转动双肩,并配合深呼吸。举肩时,吸气,松肩时,呼气。如此反复几次。

3. **言语调节法。**当焦虑袭来时,可以反复告诉自己:"没有问题","我可以应付得了"，"我比别人行"；或者告诫自己"冷静下来，问题会解决的"，"天不会塌下来的"等。通过这些自我暗示，渐渐消除呼吸加快、手冒冷汗等本能反应，使理智开始起主导作用。这时，你就真的平静下来了。

4. 想象放松法。把注意力从使你紧张的对象上转移出来，在头脑中想象一下最轻松愉快、舒适的情景。比如，想象出自己静卧在海滨的沙滩上，周围没有一个人，你静静地沐浴着阳光。头上是蓝天白云，面前是湛蓝的大海，岸边是高大挺拔的椰树，身下是如粉的细沙，耳边是永恒的涛声……

5. 自我刺激。去想象种种可能的危险情景，让最差的情景首先出现，并重复出现，慢慢地当你想到任何危险情景或过程都不再体验到焦虑，此时即可终止对刺激的想象过程。

一般而言，急性的焦虑在短期内尝试采用这些方法来调节，可以自己慢慢恢复，但如果焦虑症状过于严重，依靠个人的努力始终无法缓解，就要尽快通过专业的心理咨询来帮助缓解，或者依照医嘱，适当地选择一点抗焦虑的药物。

（二）不做冲动的"奴隶"——管理愤怒

视窗 5-2

测一测：你的怒火到底有多"高"

你是不是能有效地控制自己的怒气？以下是有关这方面的一个小测验。如果某一项符合你的情况，得 1 分，否则不得分。

1. 有人告诉你，你需要平静些。

2. 大多数时候你都感到紧张。

3. 工作中，你发现自己言不由衷。

4. 当你感到坐立不安时，你通过看电视、读书或睡觉等方式将自己与世界隔绝起来。

5. 为了使自己平静下来，你几乎每天都喝酒，或不断地吸烟。

6. 感到入睡有困难。

7. 大多数时候,你都感到被人误解了,或者感到没有人在听你的话。

8. 人们告诉你,不要再这么喊叫、诅咒了。

9. 你的爱人或亲友反复告诉你,你在伤害他们的感情。

10. 朋友来找你的次数大大减少了。

说明:

0—2分:你的怒气可以得到控制。你可以让自己好好地放松一下,也可做专门的放松训练,情况会变好的。

3—5分:经过一番努力,怒火还是可以"熄灭"的。你需要知道,是什么打击了你,还要学会应付来自外界的压力。

6分以上:你的怒气失去了控制。发怒对你来说已成了问题,你可以通过学习专门的制怒办法来改善目前的情况。

最后,送给大家一句话:我们是在生活的过程中学会发怒的,所以,也可以慢慢地学会不发怒,用更有利于健康的方式来代替它。

[资料来源]公众健康教育网,http://www.szhe.com/jksy/xinli/201010624900.html.

通过以上的小测试,如果你觉得自己不善于控制愤怒,不妨参考一下愤怒管理策略:

1. 自我反思。专家们认为,面对愤怒,重要的不是想法子消除怒气,或是逃避生气的不快,最该做的是要借力使力,让心中的怒气成为自己的助力,而非阻力。有效的愤怒管理的第一步,就是进行自我察觉。有三个问题值得你我在生气的时刻去做自我思考:

(1) 我现在有什么感觉? 我为什么会有这个感觉?

(2) 当下的愤怒在告诉我什么事?

(3) 我该怎么做,才能达成我的目的?

举例来说,如果由于学生不遵守纪律而觉得火冒三丈时,骂人甚至动手打学生绝对不是明智的。若想改变生气的方法,可以按下面的三个问题来自我反思:

（1）我现在觉得很生气，因为我觉得他们不服从我的管理，不够理解和尊重我。

（2）我会这么生气，表示我很在乎他们是否理解和尊重我。

（3）我的目的是要他们理解我的苦心，大吼大叫并不会达成目标，我应该先冷静下来，告诉学生们我的真实感受，并温和地告诉他们我对他们寄予的期望，才能让他们把我当成朋友，并真正理解我对他们的良苦用心。

2. **学会提醒自己"不要急"。** 心急吃不了热豆腐，当学生出现冒犯老师、听不进老师的意见等状况时，要提醒自己保持冷静，记住：冲动是魔鬼。默默地告诉自己，人非圣贤，孰能无过！我是老师，要有"老师不计学生过"的胸怀。

3. **大事化小，小事化了。** 学生做了一些不合你心意的事，你可以采用心理暗示，告诉自己："小事一桩，没有什么大不了的。"然后，再去充分了解事件的前因后果，用理智的头脑冷静地分析、判断后，问题自然会得到妥善的解决。

4. **离开现场，缓解怒气。** 每一次想对学生发脾气时，不妨先离开学生，到操场走一圈，缓和心中的压抑与愤怒。俗话说，忍一时风平浪静，退一步海阔天空。对学生发怒，于生不利，于己无补，何必呢？

5. **多换位思考。** 学生毕竟是孩子，肯定还不太懂事，多少会犯一些小错误。换位思考一下，自己是学生时也犯过错误，想一想当时老师对你大发脾气时自己的心情。其实，你生气时批评学生的效果并不佳，你的一顿劈头盖脸的指责只会令他唯恐避之而不及，根本听不进你说的话；相反，心平气和地与他交流沟通，学生更容易接受。

6. **自我解嘲。** 一旦磕磕碰碰的事发生了，不妨对自己说："哈哈，假如你看到一些芝麻小事，就爱发脾气，那有什么用呢？生气是你无能的表现，是拿学生的错误来惩罚自己，一名富有智慧的教师是不会干这种蠢事的！"

7. **同行帮助，班委监督。** 可以请一位你信赖的老师帮助你，让他每次看到你动怒时提醒你："生活愉快胜过金钱富有，对学生发怒划不来。"也可以请班委监督，当自己在班上没有控制好情绪将要对学生发怒时，让班长提醒你："老师，您别生气好吗？"[1]

---

[1] 洪致扣：《克制怒气六计》，《班主任之友（中学版）》，2007 年第 11 期，第 17 页。

（三）重拾生活乐趣——走出抑郁

抑郁、情绪低落若不能得到及时的调整,极可能演变成抑郁症,严重影响教师的工作生活和身心健康。下面为老师们介绍几种赶走抑郁情绪的方法。

1. **身体动起来。**大量的研究显示,锻炼,尤其是有氧运动,有助于消除轻微抑郁症。每天30分钟的运动可以赶走低落的情绪。即使15分钟的散步也能使你保持两小时的活力。

2. **多享受音乐。**研究人员发现,听音乐是仅次于运动的第二有效的排除抑郁的手段。注意选择一些充满活力的音乐。雄壮、激昂、欢快或柔和、爽朗的音乐常常会令你感到精神焕发,轻松愉快。

3. **阳光——治疗抑郁症的良药。**意大利的医生们认为,如果坚持每天早晨连续散步30至60分钟,让脸好好晒晒温暖的阳光,抑郁的心情会随之消失。医生们的研究证实,阳光是极好的天然抗抑郁药物,而且早晨的阳光效果最佳。

4. **倾诉烦恼。**把烦恼表达出来,比如写日记、写博客,或者向亲人以及朋友倾诉你的烦恼,或者求助于心理专家等都会有效缓解抑郁症状。

5. **保持充足睡眠。**规律与安定的生活是抑郁症患者最需要的,早睡早起,保证每天7—8小时睡眠,并且睡前尽量放松,不要熬夜。

6. **吃点"快乐食物"。**当压力大、情绪低落的时候,吃点"快乐"的食物会让你的情绪很快得到有效缓解。

视窗 5-3

让人"快乐的"食物

科学家发现,有些食物能够带给我们快乐,这样的"快乐食物"主要有:

深水鱼:研究显示,住在海边的人都比较健康和快乐。最主要的原因是他们把鱼当作主食。美国哈佛大学的研究指出,鱼油中的 Omega-3 脂肪酸有类似抗忧郁药的作用,能够阻断神经传导路径,增加血清素的分泌量,从而减少忧郁的产生。

全麦面包:美国麻省理工学院的朱蒂丝渥特曼博士表示,吃复合性的碳水化合物,如全麦面包、苏打饼干等,它们含有的微量矿物质如硒,能提高情绪,作用如同抗忧郁剂。

香蕉:香蕉中含有一种称为生物碱的物质,可以振奋人的精神和提高信心。而且香蕉是色胺酸和维生素 B6 的来源,这些都可帮助大脑制造血清素。

葡萄柚:葡萄柚不但具有浓郁的香味,还可帮助人们提神醒脑、净化思绪。葡萄柚中富含的维生素 C,不仅可以维持红细胞的浓度,增强身体抵抗力,还有一定的抗压作用。

樱桃:樱桃被西方医生称为自然的阿司匹林。因为樱桃中有一种叫做花青素的物质,能够制造快乐。美国密芝根大学的科学家认为,人们在心情不好的时候吃 20 颗樱桃比吃任何药物都有效。

南瓜:之所以和好心情有关,是因为它们富含维生素 B6 和铁,这两种营养素都能帮助身体所储存的血糖转变成葡萄糖,葡萄糖正是脑部唯一的燃料。

牛奶:美国纽约某项研究发现,有经前综合征的妇女在服用 1 000 毫克钙片 3 个月之后,3/4 的人都减轻了紧张、暴躁和焦虑情绪。牛奶正是钙的最佳来源。

咖啡:尽管对咖啡因的指责不绝于耳,但事实上咖啡因还是有一些优点的。轻度抑郁患者每天适量饮一点咖啡,可以缓解抑郁。研究显示,每天喝 1—2 杯咖啡是安全的,若过量摄入咖啡因,反而会使人心情沮丧,加重抑郁,还可能对人体健康带来不良影响。

另外,为了改善抑郁情绪,要时刻注意自己的饮食习惯。要选择清淡开胃的食物,努力尝试新的口味和各种美食,以调动积极的心态。戒烟,少喝酒。虽然香烟、酒精可以让抑郁情绪得到暂时解脱,但一段时间后,不良情绪会卷土重来。

[资料来源]39 健康网,http://food.39.net/a/140828/4457228.html.

(四)珍视师生情谊——告别冷漠

链接

给自己一个笑脸

曾几何时,我忽然发现自己没有了笑脸:工作的压力,生活的重担,孩子的学习……

几乎压得我喘不过气来,何况我每日面对的是一群叽叽喳喳的学生,每日总有处理不完的繁杂的事务,每日总有一些"小调皮"给我"制造麻烦"。我的情绪每况愈下,有时甚至产生厌倦的情绪。因而,伴着我的是沉重的脚步,是麻木的毫无笑容的表情。

直到有一天,班里的"小调皮"又干了一件"惊天动地"的大事——拿了家里的180元钱半夜未归,家人找到她时,钱已经全部花完了。得知这个消息,我由目瞪口呆到脸色发青,立刻就想把她找来训斥一顿。而当我转身离家时,不经意间看到镜子中女儿甜甜一笑的灿烂模样,我忽然感觉到那笑容是如此动人、甜美。虽然孩子的笑容我早已熟悉,可今天我却感到这笑容美好得令我陌生。我想来想去,有所顿悟:原来这一笑是她为自己而笑的,是她给自己的一个笑脸。那么,我何不也像孩子一样,给自己一个笑脸呢?于是,我尝试着牵动嘴巴,微微地笑,似乎肌肉有点僵硬,感觉有点别扭,但不管怎样,我确实笑了。就这样,我带着微笑来到了学校,带着微笑找到了那位同学,和她轻轻地交流。这也许是那个"小调皮"所始料不及的,她细细地端详着我,痴痴地注视着我,喃喃自语道:"老师,您不要说了,我知道错了,以后我再也不会这样了!"事后,她悄悄地告诉我,那天的我和以前判若两人,是那么温柔,甜甜的微笑像妈妈一样。

给自己一个笑脸,让自己勇敢地面对艰难;给自己一个笑脸,让自己拥有一份坦然;给自己一个笑脸,也是给别人一种鼓励、一份信任——这就是微笑的作用!我会每天给自己一个笑脸,让自己变得不再孤单;每天给自己一个笑脸,让目标不再遥远。

[资料来源]夏奉安:《给自己一个笑脸》,《中国教师报》,2004年第52期。

告别冷漠,给自己一个笑脸,生活将会变得不同。在具体的心理调节中,消除冷漠的方法有:

1. 悦纳自己,悦纳现实。 教师职业是一个高压的职业,工作中也会有种种不如意,但既然选择了这一职业,也不想离开,那就应该面对现实,接受并适应它。悦纳自己,悦纳现实。学会悦纳,还自己一份好心情。

2. 多交流。 多与他人交往、沟通,找他人倾诉、宣泄。心理学家告诫我们,先处理心情再处理事情,才会收到好的效果。交流不仅是克服冷漠的良方,也是攻克一切情感障碍的武器。愿君多用之，此方最见效。

3. 接触大自然。 孤独、冷漠时，不妨骑上自行车去郊外转一圈，放松自己的神经，活动一下筋骨，暂离劳顿。走进大自然，嗅嗅花香、闻闻鸟语，摸一摸绿草的温柔，看一看夕阳的余辉，这些都会令人心旷神怡；呼吸几口新鲜空气，让它消除胸中的苦闷和忧郁。

4. 欣赏艺术。 无论是文学、音乐或美术，都蕴含着让人不得不服的魔力。如果你爱上了这些无生命的东西，难道不会更爱创造这一切的活生生的精灵？

5. 博览群书，自我"充电"。 随着学习化社会的到来，读书学习不仅仅意味着获取人类积累的知识与经验，更重要的是获取个体发展和心理健康。重拾学习会从中享受读书的乐趣，以冲淡工作的烦恼，重新唤起自己的学习和工作热情。

三、提高情绪智力　轻松应对压力

情绪智力，也就是我们经常说的"情商"，最早由彼得·沙洛维（Peter Salovey）和约翰·迈尔（John Mayer）于1990年提出。他们把情绪智力定义为感知和表达情绪、理解情绪以及调节情绪的能力。丹尼尔·戈尔曼（Daniel Goleman）在其1995年出版的《情绪智力》一书中认为，情绪智力包括以下几个方面：（1）形成情绪认知能力，包括将感觉从行为中分离出来的能力；（2）管理情绪，包括能够控制愤怒和焦虑；（3）了解别人的情绪，比如能接受别人的观点，或者在别人表达他们的情感时，能敏感地把握住；（4）处理关系，比如能有效地处理人际关系方面的问题。情绪智力在情绪调控、人际交往等方面具有重要意义。情商高的教师，能较好地调控自己的情绪，善于处理各种人际关系，比较容易顺利、出色地完成自己的教育教学任务。因此，教师应重视提升自己的情绪智力，不断完善自身的情绪管理能力。那么，我们应该从哪些方面着手呢？

（一）学会划定恰当的心理界限

每个人作为一个独立的个体都有自己的心理界限，与人交往，一方面要尊重他人的心理界限，不要随便冒犯与突破，另一方面，也让别人了解你的心理界限，让对方明白什么是可以和不可以对你做的。当别人侵犯了你的心理界限，告诉他，重新调整对彼此的要求和期望值。如果总是划不清心理界限，那么你就需要反思、提高自己的认知水平。

（二）找一个适合自己的方法，把血液留在大脑里

美国人曾开玩笑地说，当遇到事情时，理智的孩子让血液进入大脑，能聪明地思考问题；野蛮的孩子让血液进入四肢，大脑空虚，疯狂冲动。事实上，科学实验证明，当我们在压力之下变得过度紧张时，血液的确会离开大脑皮层，于是我们就会举止失常。此时，大脑中动物的本性起了主导作用，使我们像最原始的动物那样行事。要知道，在文明社会中，表现得像个原始动物会带来大麻烦。如何让"血液重回大脑"呢？你可以选用以下的方法：(1)深呼吸，直至冷静下来。(2)自言自语。比如对自己说："我正在冷静。"或者说："一切都会过去的。"(3)有些人采用水疗法。洗个热水盆浴，可能会让你的怒气和焦虑随浴液的泡沫一起消失。(4)你也可以尝试美国心理学家唐纳·艾登的方法：想着不愉快的事，同时把你的指尖放在眉毛上方的额头上，大拇指按着太阳穴，深吸气。据艾登说，这样做只要几分钟，血液就会重回大脑皮层，你就能更冷静地思考了。

（三）扫除一切浪费精力的事物

一切浪费精力的事物都不利于我们提高情商。我们需要从缓慢地浪费精力的人

和事中解脱出来，以集中精力提高我们的情商。试试下面的方法吧：(1)经常列出消耗你精力的事情。(2)系统地分析一下名单，并将其分成两部分：A. 可以有所作为的；B. 不可改变的。(3)逐一解决 A 单中的问题。如，把车钥匙挂在一个固定的钩子上，就不用到处找了。(4)再看一下 B 单中的问题，你是否有把握？是否可以移一些到 A 单加以解决？(5)放弃 B 单中的问题。

（四）找一个生活中鲜活的榜样

从你身边的朋友中找一个快乐的人，把他（她）作为你的榜样吧！你可以想：她所能做的我也可以，但我们的风格迥异，我不可能以她的方式完成她所做的事。但我会模仿她做的一些事，以我的方式来完成。从她身上你总能看到从来没察觉到的自身潜能。在周围的人中找出你学习的榜样吧！你会在追赶他们的过程中自然地提高自己的情商。

（五）为人父母

虽然养育孩子是非常辛劳的过程，但从长远来看，你会得到一个双赢的结局。在养育孩子的过程中，孩子学会了如何与还不算成熟的年轻父母相处。作为父母的我们，则在抑制我们的需求来满足孩子的需求的过程中磨平了棱角。养育孩子会自动提高我们的情商，使我们成为更合格的父母，同时磨砺成一个更成熟、善于自我控制的人。如果你暂时没有生养孩子，不妨试试为朋友照看孩子，与孩子相处可以真正地提高我们的情商。当然，作为一名教师，在长期与孩子们打交道的过程中，他们也在帮助我们提升情商。

（六）从难以相处的人身上学到东西

有时我们的周围会有很多难以相处的人，常常令我们头疼。应付难以相处的人最有效的方式就是尽量灵活地采用与之相同的方式。如果这人喜欢先闲谈再谈正事的话，你的反应应当是放松下来，聊聊家常。另一方面，如果这人直截了当，你也应当闲话少说，直奔主题。这样，在与难以相处的人打交道时会更有效率，而且会发现这些人并不那么难以相处。其次，应付难以相处的人的第二点就是把他们当成礼物，通过与他们相处提高我们的情商，如你可以从多嘴多舌的人身上学会沉默，从脾气暴躁的人身上学会忍耐，从恶人身上学到善良……[①]

四、培养积极情绪 快乐无处不在

面向阳光，你就永远不会看到阴影。近年来，越来越多的心理学家们开始关注积极情绪和心理，并形成了一门新的心理学分支——积极心理学。积极心理学的研究表明，和一般人相比，那些心态积极的人具有更良好的社会道德和更佳的社会适应能力，能更加轻松地面对压力、逆境和损失，即使面临最不利的社会环境，他们也能应付自如。因此，积极心理学家强调，只有人内心中的积极力量得到培育和增长，人性的消极方面才能被消除或抑制。[②] 在生活中，我们该如何充分调动积极情绪，发挥积极情绪的力量呢？

美国心理学教授芭芭拉·弗雷德里克森教授经过20多年对积极情绪的研究，归纳出积极情绪的10种具体形式，分别为：喜悦、感激、宁静、兴趣、希望、自豪、幽默、激励、敬佩和爱。要想使自己远离烦恼，与其驱赶，不如让这些美好的情绪占据自己的心

---

① 高军：《你的情商有多高》，《大家健康》，2010年第12期，第4—5页。
② 周东明：《论积极心理学与幸福的教育》，《中国德育（第叁卷）》，2008年第1期，第36页。

灵,不给负性情绪生长的空间。正如除掉田野里杂草的最好方法,是在上面种上庄稼,要想让心灵不被消极情绪所占据,最好的方法莫过于让积极的情绪充盈心田。

人类对积极情绪的向往,类似于植物的向光性,是一种追求健康与成长的本性。积极心理学为我们提供了一个全新的视角,让我们看到积极情绪在个人生命故事中所发挥的重要作用,带领我们发现了一条通往幸福与快乐的光明大道。如果你愿意坚持实践积极情绪档案法,你会越来越真实地感受到自己拥有的幸福和快乐是如此之多!

视窗 5-4

"积极情绪档案袋"的建立

如何让积极情绪时常陪伴我们呢?芭芭拉教授别出心裁地教给我们一个留住积极情绪的妙法——建立积极情绪档案袋。如何建立与使用呢?

芭芭拉教授建议大家都来尝试建立各种积极情绪档案袋:"将那些在你和每一种积极情绪之间具有明显关联的事物和纪念品放到一起,装进一个档案袋,把每种情绪当作一个课题或项目,就好像你是在为每一门课完成一项作业。每一星期投入精力全心完成一项作业,一周关于喜悦,一周关于感激,依此类推,直到完成关于爱的那一周。"她慷慨地与我们分享了她本人为爱建立的档案袋,其内容包括:她深爱的丈夫以及两个儿子的照片,一张写有20世纪早期法国作家普鲁斯特的名言的纸片:"让我们感谢给我们带来快乐的人;他们像可爱的园丁,让我们的灵魂如鲜花般绽放";一张被全家称为"爱的椅子"的快照——客厅里的一张半躺式沙发,一家人会经常在那儿静静地拥抱在一起分享时光;最后是一张特别的照片——一对黑猩猩在相互梳理皮毛。她用这张照片来提醒自己,爱的冲动是古老的、普遍的和不可阻挡的。芭芭拉会经常重温这个爱的档案袋,用它来提醒自己保证正常的休息,与家人深入地交流、紧紧相拥。这些爱的分享也总是能够再次开启她的心灵,给她重注活力,教会她如何更充实地生活。

当所有的积极情绪档案袋都建立起来以后,在使用这些档案袋的过程中,芭芭拉教授鼓励大家把积极情绪档案袋当作生活中的文献,不断地发展更新它们,以至于养成敏锐感知、善于捕捉积极情绪的心理习惯。在这一过程中,需要遵守以下10项基本原则:

1. 保持真诚。让你的积极情绪是由衷产生的,而不是强迫的。

2. 拓展积极情绪档案袋,收纳多种物品。

3. 制作多个档案袋,不要单独地依赖于特定的一种积极情绪。

4. 让你的档案袋随着时间的推移而不断发展,不断对它们进行添加。

5. 始终把一个档案袋放在手边。

6. 当你感到被一种恶性循环拖累时,拿出你的档案袋。

7. 带着觉知力和开放的心态来对待你的档案袋。

8. 保持一种轻松的、心理上的接触。不要特意分析它。

9. 当一个档案袋失去功效的时候,换另一个。

10. 经常问自己:"为了培养这种感觉,我现在可以怎么做?"

[资料来源]芭芭拉·弗雷德里克森著,王珺译:《积极情绪的力量》,中国人民大学出版社,2010年版。

第六章

千磨万击还坚劲
——磨砺意志　对抗压力

　　泰戈尔说过,在坚强的意志面前,一切都会臣服。古今中外的一些实例也一再证实当面对强大的压力时,顽强的意志力往往是克服压力、战胜困难的制胜法宝。教师是一个高压力的职业,在面对高压的工作与生活时,如何通过磨砺意志、培养坚强的意志力来抵抗压力、维护身心健康是一个值得思考与探索的问题。下面将从意志的角度出发,探寻舒缓高中教师压力的方法。

第一节

成败皆萧何
——意志:压力的调节器

一、意志及意志品质

心理学家研究发现,意志是人有意识地支配、调节行为,通过克服困难,以实现预定目的的心理过程。[①]也就是说,我们为了达成愿望,而在心中设定行动目的,进而支配我们的行动去实现目的,这一心理过程就是意志的过程。意志体现了人的主观能动性。

人们在各种意志行动过程中,经常会表现出不同的特点,比如,有的人目标明确、果断自信,而有的人则漫无目的、不知所措;有的人在面对困难时不言放弃、坚忍不拔,而有的人则半途而废、不知所终。个体的这些差异是意志品质的差异。良好的意志品质是保证活动顺利进行、实现预定目的的重要条件。意志品质主要表现在以下几个方面:

1. 意志的自觉性:也叫意志的独立性,是指个体具有明确的行动目标,不屈服于周围人们的压力,能根据

---

① 彭聃龄主编:《普通心理学》,北京师范大学出版社,2001年版,第343页。

自己的认识和信念自觉独立地采取决定、执行决定。自觉性不高的人,则容易出现随波逐流、人云亦云、没有主见、受暗示性高等特征。

2. 意志的果断性:是指在深思熟虑的基础上,能善于明辨是非,迅速合理地采取决定以实现目标的品质。果断性强的人,能当机立断、敢作敢为,善于审时度势,及时排除险情、化险为夷。果断性差的人表现为优柔寡断、犹豫不决、患得患失等。

3. 意志的自制力:是指个体善于掌握和支配自己行动的能力。自制力反映了个体意志的抑制功能,这是坚强意志的重要标志。具有自制力的个体能够缜密思考、合理决策,较好地调节自己的情绪状态。缺乏自制力的人通常有任性和怯懦等意志薄弱的表现。

4. 意志的坚定性:也称为意志的坚韧性或顽强性,是指个体能坚持不懈地执行自己的决定,能够用坚强的意志克服行动过程中遇到的困难,向着既定目标前进的品质。所谓"富贵不能淫,贫贱不能移,威武不能屈"就是意志坚定性最好的表现;相反,一些意志不够坚定的人则容易表现出虎头蛇尾、浮躁、执拗等特征。

链接

你听说过吗——意商?

意商是个什么东西?所谓意商,也叫"意志商数",它是与智商、情商相对应的一个崭新的概念,是指对人的意志的一种量度,即对意志强弱水准的量上的规定性。意商较高的人能够准确地、严格地控制自己各种活动的强度、稳定性、灵活性、发生频率或概率、牵涉范围、作用对象等,并准确地估算、全面地掌握、深刻地了解自己的活动可能产生的积极作用和消极作用,从而正确而果断地做出相应的行为决策,并有效地实施它。他既能顽强奋斗又能急流勇退,既有原则性又有灵活性,既有创造性又有继承性;他善于总结经验教训,不犯重复性错误;他善于中庸之道,既不犯左倾冒进的错误,也不犯右倾保守的错误;他能够保持其行为规范与道德准则的连续性和稳定性,在为人处世上做到不卑不亢、以身作则、言行一致、信守诺言;他办事利索、决策果断,有顽强的毅力和坚韧不拔的意志；他心胸宽阔、严于律已，有强烈的社会责任感和牺牲精神；等等。

[资料来源]仇德辉：《数理情感学》，湖南人民出版社，2001 年版。

二、意志与压力的关系

（一）动机冲突与压力产生

意志行动是一种指向目标的活动，但在日常生活中，人们面临的常常不是一个目标；或者同一个目标对个体而言具有多重意义，利弊兼具。在这种情况下，个体就会处于一种矛盾状态，难以决定取舍，表现为行动上的犹豫不决，这种相互冲击的心理状态，就称为动机冲突。有些压力的产生往往与动机冲突有关。动机冲突主要有以下四种类型：

1. **双趋冲突**：指两种对个体都具有吸引力的目标同时出现时所形成的强度相同的两个动机，由于条件限制，只能选择其一，这时个体往往会表现出难以取舍的矛盾心理，即双趋冲突。"鱼与熊掌不可兼得"就是双趋冲突的真实写照。对大多数高中教师而言，既想在学校成为一名好老师，教好自己的学生；又想在家中扮演好丈夫（妻子）或父母的角色，照顾好家庭。但是时间、精力有限，无法兼顾，究竟是以事业为重还是家庭为重呢，成为许多教师难以抉择的难题，很多高中教师因为将太多的时间放在教育教学上，而对家庭的责任，常常因为无法兼顾而自责内疚，从而导致心理压力。

2. **双避冲突**：指两种对个体都具有威胁性的目标同时出现，使个体对这两个目标均产生逃避动机，但由于条件和环境的限制，只能选择其中的一个目标，这种选择时的心理冲突称之为双避冲突。"前遇大河，后有追兵"正是这种处境的最好写照。比如，许多高中教师对"早起晚归"的作息生活十分倦怠疲惫，常常心生逃意，但又害怕耽误学生的学习进度，违反学校制度扣除奖金，被领导批评，虽然不情愿，但也只好咬牙坚持，这正是双避冲突的表现。这种不想"为"但只能"为"的心态本身就是一种精神压力。

3. 趋避冲突:指某一事物对个体具有利与弊的双重意义时,会使人产生两种动机态度:一方面好而趋之,另一方面则恶而远之。所谓"想吃鱼又怕鱼刺"就是这种冲突的表现。比如有的老师从个人情感上来说并不想当老师,但是从理智的角度考虑教师还是比较理想的职业,究竟何去何从,如何抉择呢? 久而不决就会带来心理的压力。

4. 多重趋避:在实际生活中,人们的趋避冲突常常表现出一种更复杂的形式,即人们面对着两个或两个以上的目标,而每个目标又分别具有吸引和排斥两方面的作用。人们无法简单地选择一个目标,而回避或拒绝另一个目标,必须进行多重的选择,由此引起的冲突叫作多重趋避冲突。多重趋避更接近真实生活本身,人们在生活中常常同时会面临多个目标,而且每个目标都各有利弊,如何取舍呢? 比如,教师是一个高压力、低待遇的职业,有些老师可能会考虑调换工作,比如考公务员、下海经商等。面对众多选择时,有些人反而不知所措,因为每一种职业各有利弊,比如,教师职业虽然清苦辛劳,但比较容易得到社会的尊重与认可,职业也比较稳定,还有假期;公务员待遇不错,但要找个好单位不是那么容易,而且职场压力也不小;经商可能会一本万利赚大钱,但也可能血本无归,需要冒险……面对重重诱惑同时也是重重问题,个体需要再三掂量,反复权衡,唯恐"一失足成千古恨",压力可想而知。

动机冲突可以造成个体不平衡、不协调的心理状态,严重的心理冲突或冲突持续时间较长可以引起个体的心理障碍。这种意志行动中的动机冲突无疑会增加高中教师的心理压力,特别当冲突较为重要而又不知如何取舍时,这种烦恼的冲突状态会更深刻、持久,给个体带来负性的情绪体验,加剧个体的压力感和无力感。

(二)意志力薄弱是压力的帮凶

在通往目标的过程中,难免会遇到各种困难阻碍目标的达成。这些困难按其来源一般可分为外部困难和内部困难。外部困难是指意志行动中遇到外部环境的阻碍,如资金不足、材料缺乏、工具陈旧落后、天气恶劣等,或来自他人的阻挠、讥讽和打击等;

内部困难主要是指主体内部的障碍,包括知识经验欠缺、能力有限,以及身体疾患等。在面对这些内外困难的时候,有的人能够目标明确、坚韧不拔、锲而不舍,凭借强大的意志力战胜困难,超越自我并最终克服压力;但对于有些人而言,他们在意志品质上存在这样或那样的问题,如目标不明,在实际行动中经常摇摆不定;或者胆小怯懦,习惯于退缩;或者不能控制自己的行为和情绪冲动,率性而为;或者倾向于把责任归咎于环境或命运,而不愿自己来承担责任……这些意志品质上的缺陷与不足不仅不能帮助他们有效地解决问题,还会人为加重个体的压力感,由此可见意志力薄弱是压力的帮凶。

（三）强大意志力是压力的有效缓冲器

人们的意志控制能力有很大的个体差异。我们知道意志力薄弱会是压力的帮凶,但生活中,有些人能控制自己的行为和情绪反应,在外界压力面前能坚持自己的意见,朝着确定的目标前进,倾向于承担生活中重大事件的责任,而不把责任归咎于环境或命运。在心理学上,根据个体对行为结果的归因,可以将个体分为内控型和外控型,即相信能够控制环境的人(内控型)和相信被环境所控制的人(外控型)。外控型表现突出的人,通常把责任归咎于环境或命运,很少能看到自己的能力或努力与行为后果之间的联系;而内控型的人,自信心强,倾向于自己承担责任,经常感受到自己的能力或努力与行为后果之间的联系。内控型的个体往往具有较强的意志力,意志品质顽强,当面对问题时,能从个体内部的角度寻找原因和解决问题的办法,勇于承担责任,最终完成目标。

三、高中教师常见的意志问题

正所谓"十年树木,百年树人",这一职业要求教师需要具备锲而不舍、持之以恒的优良的意志品质！但是,作为教师,我们也会遇到或多或少的意志力方面的问题,下面从常见的意志品质和较为严重的意志障碍两方面谈高中教师存在的意志问题。

（一）一般的意志问题

意志力是一把能够开启人的洞察力和征服力的神奇钥匙。如果在自觉性、果断性、自制性和坚定性等方面存在欠缺，会产生各种意志问题，进而影响目标的达成。

1. 目标缺失

人的意志行动是有目的的、自觉的，离开了自觉的目的，就没有意志可言。当一个人对任务、目的愈明确，愈是意识到此目的的社会意义时，他的意志就愈坚定。对于有些中学教师而言，每天备课、讲课、批改作业，日复一日，年复一年，时间长了，有些疲沓甚至麻木了，只是机械地重复常规的工作与生活，对自己的人生失去了规划、设计与目标，每天虽然看似忙忙碌碌，却体验不到人生的意义与乐趣。这种没有目标的状态会使人很无聊，很容易滋生出郁闷、无意义感等负性情绪与认知，久而久之对工作心生厌恶感，对生活失去热情，从而表现出倦怠与枯竭。目标缺失的个体还会表现为易受暗示性。由于没有一个明确的目标，个体的行为往往具有模糊性、不确定性，很容易不加分析和批评地接受影响，轻率地改变行动方向，盲目行动。

2. 当断不断，必受其乱

这涉及意志品质的果断性问题。具有果断性品质的人，能够敏捷地思考行动的动机、目的、方法和步骤，清醒地估计可能出现的结果，在进行动机斗争时能当机立断；在行动时，能敢作敢当，意志不动摇；在不需要立即行动或情况发生变化时，又能立即停止已经作出的决定。与意志果断性相反的两种消极的意志品质：一是优柔寡断，二是草率武断。优柔寡断是指在需要做出决定时，犹豫不决，顾虑重重，做出决定之后，又迟迟不采取行动。草率武断是一种轻率的表现，是指对任何事情都不能深思熟虑，只凭一时冲动匆忙做出决定，有时不计后果。有些高中教师，遇到事情患得患失、当断不断、犹豫不决、徘徊观望、迟迟做不了决定，如此就会让自己长时间停留在冲突、烦恼中无法自拔，时间久了，可能导致心理问题；还有一些老师则表现出鲁莽草率、轻举妄动、懒于思考、滥下结论等特征，如此，看似问题很快得到解决，实则缺乏慎重考虑，可能

"一失足成千古恨"，后患无穷。

3. 自制力的短板

亚里士多德说过："美好的人生建立在自我控制的基础上。"自制力主要表现在两个方面：一是善于促使自己执行定下的决定；二是善于抑制与自己的目的相违背的愿望和行动。禁欲、慎独、忍耐、坐怀不乱、坚持不懈等等其实都属于自制力范畴。与自制力相反的意志品质是任性和怯懦。任性是对自己的行动不加约束，随兴所至。比如，作为高中教师，在面对学生犯错误时，有没有因为图一时痛快，说了作为老师不应该说的话，做了老师不应该做的事情？有的老师不分青红皂白地对学生劈头盖脸地恶语相向，或者讽刺挖苦甚至体罚学生，以图宣泄自己内心的一时不快，就是缺乏自制力的表现。怯懦是缺乏自制力的另一种表现，是指在行动时畏缩不前，情况变化时张皇失措。怯懦的人在面对机会的时候往往不敢挑战自己，畏首畏尾，一旦情况出现变化就不知所措，轻易自我否定，放弃努力。怯懦之人不仅容易错失良机，而且经常容易生活在紧张、恐惧及负性自我评价中。作为高中教师的你，在面对机遇与挑战的时候怯懦了吗？

4. 缺乏坚持性

心理学研究表明，适应压力很关键的一点就是坚韧性。如何在压力面前保持较高的承受水平？要想在高压环境中不受影响、有所作为，需要培养一系列的态度与技能，这些态度与技能所组成的独特品质就是我们所说的"坚韧性"。有部分教师在教学活动中害怕困难与失败，在困难、艰苦的条件面前，表现出犹豫、动摇、停滞的状态，不能够一鼓作气，善始善终，顽强进取的意识较差，这就是意志的坚持性不够。

（二）严重的意志问题

一般来讲，意志薄弱不算意志异常，经过修正可以坚强起来。但经常表现出盲目、草率、优柔寡断、半途而废，在行动上又不能控制自己，就可以称之为意志异常。概括起来意志异常有如下表现：(1)意志丧失：行为缺乏目的性，盲目性很大，不知自己要做什么和为什么要这样做。(2)强迫行为:在某种非理性冲动的影响下,不由自主地反复地出现一些不必要的动作,自己又不能控制这些不必要的行为。(3)固执行为:意志正常的人,在主客观条件发生变化时,能修订计划;而意志不良的固执的人,明知已经错了,仍一意孤行、固执己见。(4)不能随意支配自己的行动:如运动亢进、坐卧不安、动作迟缓、行为及运动不协调等。

当意志问题影响到我们正常的工作、生活和学习时,可能会存在意志障碍。意志障碍可从量的和质的方面进行分类。从量的方面分:意志增强及意志减弱;从质的方面分:意志缺乏、犹豫不决及意志倒错。上述问题多见于严重的精神疾病,在教师中的比例非常少。对这一问题的干预需要借助专业的机构进行治疗,不在本书讨论范围内。教师群体中的意志问题更多表现为意志品质问题,这是造成教师压力的一个重要原因。要克服压力,在很大程度上需要磨练自身的意志品质,提高抗压能力,从而积极主动摆脱压力的困扰。

第二节

衣带渐宽终不悔
——磨练意志　增强抗压性

心理压力是人们对外界刺激进行反应时所产生的一种主观体验，它的大小因人而异。同样的事件或刺激情境对不同的人来讲，产生的心理压力的大小是不同的。同样的外界刺激到底会给人造成多大的心理压力，实际上是由每个人自身的抗压性（或称抗压能力）所决定的。对于相同的刺激，抗压性较强的人所感受到的心理压力就较小，抗压性较弱的人感到的心理压力就较大。人的抗压性不是天生的，加强意志品质的培养，磨练人的意志力是增强抗压性的有效方法，也是减轻心理压力的重要心理基础。高中教师压力大、压力周期长的工作特点决定了，如果高中教师没有坚忍顽强的意志和抗压力，很容易被压力击垮。那么，应该如何通过磨练自己的意志，增强自己的抗压性呢？以下是几点建议。

一、明确目标，坚定信念

英国有一句名言："伟大的目标构成伟大的心灵，伟大的目标产生伟大的动力，伟大的目标形成伟大的人物。"哈佛大学有一个非常著名的关于目标对人生影响的跟踪调查。调查的对象是一群智力、学历、环境等条件都差不多的大学毕业生。结果是这样的：27％的人，没有目标；60％的人，目标模糊；10％的人，有清晰但比较短期的目标；3％的人，有清晰而长远的目标。25年后，哈佛大学再次对这群学生进行了跟踪调查。结果是这样的：3％的人，25年间他们朝着一个方向不懈努力，几乎都成为社会各界的成功人士，其中不乏行业领袖、社会精英；10％的人，他们的短期目标不断地实现，成为各个领域中的专业人士，大都生活在社会的中上层；60％的人，他们安稳地生活与工作，但都没有什么特别的成绩，几乎都生活在社会的中下层；剩下27％的人，他们的生活没有目标，过得很不如意，并常常抱怨他人、抱怨这个"不肯给他们机会"的世界。这个调查结果告诉我们，杰出与平庸的根本差别并不是天赋、机遇，而在于是否有目标以及目标的高远。美国成功学家拿破仑·希尔在《一年致富》中也有这样一段话："一切成就的起点是渴望。一个人追求的目标愈高，他的才能发展就愈快。一心向着自己目标前进的人，整个世界都给他让路。"

对于高中教师而言，教书育人应该是每一位老师的职业目标，这是一个高屋建瓴的目标，但是否每位老师都把这一目标真正内化为自己内心的一部分，对这一目标的意义有充分、深刻而清晰的认识呢？有的老师是，他们把"教书育人"当作自己人生的使命与信念，如当代著名教育家于漪老师，她在谈到自己人生目标时这样说过："一辈子做教师，一辈子学做教师。将教书育人的责任视为一种信仰，作为人民教师，这辈子才能问心无愧！"正是因为拥有这一份对教育目标的执着与热爱，于漪老师找到了自己人生的意义，并把有意义的人生带给她无数的学生。这样的人生必定辛苦，可能不富裕，但一定幸福！所以，教师虽然是一个劳心劳力的工作，但如果能够发现其伟大的意义，并把自己的人生意义与之相结合，视之为信念、信仰时，内心就会迸发出巨大的热情和力量，即使遇到再大的困难与挫折，这份信念与信仰都会帮助你去战胜困难，把职业的艰辛转化为人生的意义与幸福！相反，教师如果不认可这一职业目标，内心深处不喜欢这一职业，则更容易体验到职业压力，发生职业枯竭。

高中教师不仅要秉持这一"远大"的职业目标，更应该把这一职业目标与自己的人生发展、不同的阶段、个人的具体情况相结合,为自己设定中短期目标及长期目标,注意目标的激励性、可行性及目标之间的协调性,然后积极行动,按照一个又一个的目标前进,努力去实现自己的目标。相信有了目标的指引,我们就会少很多迷茫,多一分坚定,多一分希望,多一分动力,也就多一分快乐,从而减少职业压力可能造成的消极影响。

视窗 6-1

如何设定人生的目标

人有目标才会成功。大多数人无法达成他们的目标,其原因在于:他们从来没有真正定下生活的目标。一个人没有目标,他不可能采取任何有效的行动,也不会有信心,只能在人生的旅途上徘徊,永远到不了任何地方。目标的重大作用表现在:(1)目标使我们产生积极性;(2)目标使我们看清使命;(3)目标有助于我们安排轻重缓急;(4)目标引导我们发挥潜能;(5)目标使我们有能力把握现在;(6)目标有助于评估进展;(7)目标使我们未雨绸缪。

设定人生目标的步骤:(1)确定你的目标;(2)把目标清楚地表述出来;(3)将目标进行整理;(4)开始行动;(5)定期评估计划执行情况;(6)庆祝已取得的成就。

在确定目标时,也许你的目标比较多,需要整理一下。整理的时候需注意:

(1)首先把自己人生的目标划分为几个领域,如学习、健康、人际关系等。

(2)把目标按照时间归类,可按照以下金字塔的方式建构一个人生目标的金字塔。

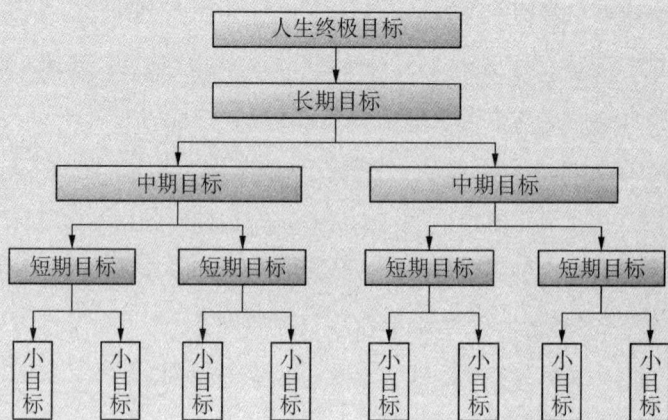

设定目标时应注意以下问题:(1)人生大目标尽可能伟大:目标愈高远,人的进步愈大;(2)人生大目标不要求详细、精确;(3)中短期目标应既有激励价值,又要现实可行;(4)中短期目标应尽可能具体明确,并限定时间,如中短期目标,或者3—5年,或者1—2年,有的短期目标要短到半年、1个月,而小目标甚至要规定到周、天,目标越小越要具体、可度量、可操作;(5)目标的制定要现实,不可幻想,通过努力要能够实现;(6)目标实现应该有轻重缓急。

[资料来源]褪墨网站,http://www.mifergtd.cn/articles/goals-pyramid.html.

二、自信果断,化解冲突

如前所述,各种心理冲突容易诱发压力。面对心理冲突的时候,个体如果能够审时度势、明辨是非、当机立断,及时合理地做出决定,往往可以尽快解决问题,避免陷入心理冲突;相反,如果总是患得患失、优柔寡断、犹豫不决,往往就会陷入心理冲突,问题迟迟得不到解决,从而引发压力。因此,教师要加强意志果断性的训练。

视窗6-2

果断性训练

1. 剖析真正的动机冲突:当我们该做决定的时候,往往会感到困扰,难以决断。在一件事上犹豫不决往往表示是另有其他的事造成了冲突。要深入分析表面冲突下面的深层冲突,才能从根本上解决问题。

2. 克服恐惧:在做决定时犹豫不决主要是由于各种各样的恐惧:恐惧批评、恐惧改变,越是犹豫就越是恐惧。越恐惧就越难以决断。要明白任何选择都不是完美的,与其恐惧,不如面对与行动。

3. "快速"决断,绝不怀疑:要改掉在做决定时犹豫不决的习惯,就要在做决定的时候学会"快动作"。遇到需要做决定的情况,一般小事强制自己在短时间内尽快作出决定,并且一旦决定好了就不再改变;对于比较重大长远的事不能草率作出决定,还是应该深思熟虑,但平时多做快动作,可培养面临重大事项时的决断力。

4. 勇于承担责任，不要求全责备：任何选择都伴随着得失，有得必有失，这样想就不会因为怕失去什么而不敢选择。只有敢于失去，才能真正得到，这才是明智而健康的心理。在需要作出决定的时刻，只有敢于承担全部责任的人才能成为胜者。有一种心理学派别叫"责任心理学派"，他们认为对神经衰弱者，只要担负起自己现在的行为和将来行为的责任，他们的痛苦很快就能解除。

[资料来源]华南农业大学心理健康辅导，http://web.scau.edu.cn/xlzx/index.html.

训练意志的果断性是为了快速、合理地化解心理冲突，有效地解决所面临的问题。在化解冲突的时候，由于目标的数量及性质不同，应该注意以下几点：

1. 正确分析冲突性质

面对动机冲突的时候，与其陷入烦躁不安、举棋不定的情绪中，不如让自己沉下心来冷静分析一下自己所面对的究竟是什么冲突，有哪些可以选择的目标，目标的性质如何，对自己而言是所希望的还是想要回避的。这种理智分析的态度更有助于问题的解决。

2. 学会放弃

人的许多心理冲突的形成往往与追求完美的心态有关。有的人有时候喜欢追求完美，"鱼"和"熊掌"想兼得，但在许多情况下兼得不得，就要学会放弃。佛家主张"舍得"，舍得舍得，能舍方能得。学会放弃实质上是一种智慧的人生态度，正所谓"小舍小得，大舍大得，不舍不得"。

3. 学会面对

当面对的冲突目标都是自己所想回避的时候，告诉自己"逃避不是解决问题的办法，成熟的人生是要学会面对、学会承担、学会负责。一味的逃避只能让痛苦加剧，只有面对才能够从根本上解决问题，而且在这一过程中能够获得勇气、力量与成长"。

4. 认清自我的价值观

人在面对取舍的时候，选择什么、放弃什么主要依据个人的价值观。因此，个体必须对自己的价值观进行审视，明确对自己而言究竟什么是最重要的，最有价值的。尤其在面对趋避式冲突的时候,只有一个目标,这个目标对你而言既有吸引力又有排斥力,应该如何抉择? 选择还是放弃? 一方面要倾听自己价值观的声音,果断作出取舍;另一方面告诉自己人生就是由缺憾组成的,只要拥有自己最看重的就可以,不必追求完美。最重要的还有一点:选择了就要承担,放下了就要无悔!

三、学会自制,增强可控感

自制力是意志品质的一个重要方面,如前文所述,自制力是个体自己控制自己的能力。对高中教师而言:(1)自制力是高中教师善于自我调节和自我支配的能力,拥有一定的自制力是对高中教师的一项基本的职业要求;(2)强有力的自制力能使高中教师自觉地调节自身的情感、情绪、言语、行为和习惯,使高中教师的活动符合教育规律,同时给学生以良好的心理影响,在学生心目中赢得威信;(3)高中教师要具有优良的自制力品质,必须认识到自制力培养的重要性,并自觉地对自己的行为进行自我评价,在日常工作生活中有意识地经常地坚持进行自我磨练。

视窗6-3
七招训练自制力

自我控制能力并不是天生就有的,而是后天教育、训练的结果,自制力是人们克服来自己内心的障碍,善于控制、支配自己言行的意志品质。那么,究竟应该怎样培养自制能力呢? 美国杰出的成功学家拿破仑·希尔的方法可能会给我们一些启示:

控制自己的时间:当我们能控制时间时,就能改变自己的一切。让自己每天的生活过得充实无隙,今日事今日毕。生命就是时间,把握时间,就是掌握生命。

控制思想:我们可以控制自己的思想与想象。少做一些无聊的白日梦,多做一些能激励自己、振奋自己的想象。必须记住:幻想在经过刺激之后,将会实现。

控制接触的对象:我们无法选择共同学习或相处的全部对象,但是我们可以选择共度最多时间的同伴,也可以认识新朋友,寻找楷模,向他们学习。

控制沟通的方式：控制说话的内容和方式。沟通方式最主要的就是聆听、观察以及吸收。当我们（你和我）沟通时，我们要用信息来使聆听者获得一些价值，并彼此了解。

控制承诺：选择最有效果的思想、交往对象与沟通方式。我们有责任使它们成为一种契约式的承诺，定下次序与期限。要按部就班，平稳地实现自己的承诺。

控制目标：明确一生朝哪个方向走，决心成为一个什么样的人，就能够控制自己，使言行服从和服务于自己的人生目标，而排斥同目标相对立的各种诱惑。

控制忧虑：一个人要想做大事，需要有稳定的情绪和成熟的心态。大凡成功人士都具有惊人的自制力。虽然绝大多数学生都有一颗上进的心，又都在同一起跑线上，但在前进的过程中，彼此却会渐渐地拉开距离，这都与自控能力有关。

[资料来源]新浪博客，http://blog.sina.com.cn/s/blog_4b114ae1010007wh.html.

对于教师而言，其工作的性质决定了也许在很多方面可以控制的东西有限，比如时间、相处的对象等。但只要用心，其实还是能够控制的，比如，对许多事情的认知、看法上，尽量控制消极的思想与态度，多从积极的方面去思考；在大的教育目标下，设定自己的目标，让人生充满意义与期待，拒绝空虚与无聊；有情绪的时候，尽量控制自己的情绪或用合理的方法及时宣泄、转移消极情绪，不将之传染给周围的人，保持一份好心情；行为上，控制自己不符合教师身份的言行举止，不侮辱、体罚学生，尽量规范自己的行为，使行为符合教师的要求，起到身体力行的示范作用；生活上，控制自己不良的生活习惯，少抽烟、少喝酒，按时作息，尽量抽时间锻炼身体，合理安排工作与休息时间，定期检查身体等等……如此这般，你会发现，你不再像一只没头的苍蝇，整天忙忙碌碌却没有头绪；也不再像一只蒙着眼睛每日围着磨盘打转的驴子，脚步始终不停却永远看不见希望。随着自制力的提高，你会发现，人生可以被自己掌控，生活是可以改变的，思想是可以调控的，心情是可以放松的，压力是可以缓解的！

四、锲而不舍，磨练心理韧性

心理韧性是近几年心理学家关注和探究的一个热点问题。美国心理学会把韧性定义为个人面对生活逆境、创伤、悲伤、威胁或其他生活重大压力时的良好适应，它意味着面对生活压力和挫折的"反弹能力"。Gail Wagnild 总结道：心理韧性意味着内在力量、能力、乐观、灵活以及面临逆境时有效应对的能力。① 它是个体应对压力、挫折、创伤等消极生活事件的能力或特质，是一种从压力下复原和成长的心理机制。

其实，大部分的人并非缺乏目标，而是在通往目标的过程中遇到困难时，许多人由于缺乏耐心、坚持与勇气，选择了怯懦与放弃，与此同时也就选择了失败与痛苦。毋庸讳言，现代社会的每个行业，每一条人生的道路上都可能困难重重、压力四伏，关键是在遇到困难与压力的时候选择一种怎样的姿态。对于强者而言，他们把困难看作是磨练意志的磨刀石，把压力看作是挑战人生、超越自我的契机，在压力与困难面前咬牙坚持，不抛弃，不放弃，不后退，而最终他们也常常战胜了困难、克服了压力、超越了自我、创造了新的人生！终生献身教育事业的于漪老师面对清贫的三尺讲台，掷地有声："我愿意坚守，这是人生的使命！"这份坚守是一种历尽千难终不悔的信念；是沥尽肝胆现赤心的执着；是千锤百炼亦不屈的坚韧。有了这样的信念、这样的执着、这样的坚韧，什么样的困难克服不了？什么样的压力战胜不了?! 作为一名教师，既然选择了这样一份职业，既然还对这一职业心存眷恋，不忍离去，那不妨再积极一点，再坚定一点，再执着一点！用强大的心理韧性对抗压力，同时亦磨砺出自己人性的光芒！

视窗 6-4

开发韧性的 10 个策略

有些人似乎天生就很坚韧，但就像其他的东西一样，韧性是可以开发的：

1. 建立积极的自我形象。一切始于脑海——坚强的人积极地认识自己，看待自己。

2. 注重构建和维护人际关系。研究表明坚韧的人往往有强大的社会网——危机来临时，家人、朋友和同事们是巨大的支撑源泉。

---

① 于肖楠、张建新：《韧性（resilience）——在压力下复原和成长的心理机制》，《心理科学进展》，2005 年第 5 期，第 314—318 页。

3. 表示感谢。能够专注于生活中美好的东西，而不是纠缠在问题上，这将使你保持积极的心态，有助于你的有效性。

4. 往好的一面看。坚韧的人们往往认为压力事件或危机是临时的，甚至是学习和成长的机会，而不是无法承受的问题。

5. 要积极主动。大屠杀幸存者 Viktor Frankl 认为，有些难民营中的人相信他们有办法控制自身的境况，相比认为自己是被动的受害者的那些人来说，这些人更容易活下来。坚韧的人会承担责任，并采取有效的措施来改变状况。

6. 接受无法改变的事情。有些东西根本无法改变，有韧性的人能接受这一点，不会浪费精力来做不可能的事。

7. 制定目标，采取适当的行动以实现这些目标。要清楚自己的目标，这很重要。失败和挫折是难免的，但坚韧的人会把目标牢记于心。

8. 心中要有一个长远和更广阔的蓝图。从鸟瞰的角度，问题往往变得不那么重要。

9. 持乐观态度。坚韧的人保持着充满希望的未来，期待着取得积极的成果。

10. 要不断学习。坚韧性的人有决心从挫折和困难中吸取有用的经验教训。回首过去，我们可能会发现，我们从似乎是最困难的条件下学到了最有用的东西。

韧性常常是导致一些人克服巨大的障碍通向成功的因素。看看许多名人、成功者，以及谦卑甚至被剥夺事业开端的富翁，你就会发现行动中的韧性有多么重要。要在自己生活中制定步骤，开发韧性——它将竭诚为您服务。

［资料来源］http://www.lz13.cn/chenggonglizhi/4577.html.

第三节

梅花香自苦寒来
——克服挫折　锤炼意志

对高中教师而言，压力感的产生往往与遭受挫折有关，或者说挫折是压力的一种特殊形式。挫折的产生与应对和个体的意志活动密切相关。人们常说，挫折是一把双刃剑，扼杀弱者，造就强者。面对挫折，个体的意志力往往会决定挫折之于个体意义的性质。那应该如何运用自己的意志力应对挫折、缓解压力呢？下面我们将一起探讨这些内容。

一、挫折及其反应

提到"挫折"，通常人们把挫折理解为自己遭遇到了某些不利的客观事件或境遇，如高考落榜、失恋、没有评上理想的职称等。从心理学的角度来看，心理学家认为挫折是指个体的意志行为受到无法克服的干扰或阻碍，预定目标不能实现时所产生的一种紧张状态和情绪反应。可见，挫折产生于个体的意志行动中，是个体在指向目标的过程中由于受阻致使目标暂时无法达成而出现的一系列的身心反应。

人在遭受挫折后，会在情绪、行为以及生理上产生一系列不同程度、不同形式的反应。如在情绪上主要表现为某种消极的负性情绪，如焦虑、愤怒、抑郁、恐惧、内疚、绝望等；在行为上，可能会表现出攻击、冷漠、文过饰非、推卸责任、找替罪羊、投射、压制等；在生理上会出现交感神经兴奋，如呼吸加深、心跳加快、瞳孔扩大等一系列"紧张生理反应"。这些心理和生理的反应时间过长就会造成身心的损伤，严重的可引发身心疾病。

二、高中教师心理挫折的表现

当今社会，造成高中教师遭遇心理挫折的主要原因在如下几个方面①：

第一，社会的过高期望与教师的自我求全责备心理。人们普遍认为，理想的教师应是学识博大精深，灵魂一尘不染，行为堪称典范，即符合日常说的"学高为师，身正为范，为人师表"。社会对教师的这种期望往往使部分教师以"清高"自居，过分强调自我形象，过分追求完美，过分约束自己。但事物总是两方面的，人无完人，加之部分教师知识结构、素质水平的差异和局限又往往使之难以满足社会期望。因而，出现社会评价的反差和教师自我责备的倾向，使部分教师难免产生自卑、焦虑和不安情绪。

第二，教师的自我理想与现实的"壮志难酬"。自我实现是人的高层需要。教师同样有施展自己才华的需要，希望在自己的工作岗位上做出成绩并得到他人的认可。然而，现实中由于客观条件的限制及主观因素的不足，往往会使个别教师难以实现其既定目标，致使"壮志难酬"，出现心理挫折。

第三，教师的偏低待遇与工作的超负荷。超负荷的工作和普遍偏低的工资福利待遇，横向的社会比较和生活得不到完善和提高，导致部分教师心态失去平衡，造成心理挫折。

第四，学校内部环境不良（例如校园环境和人际关系不良等），教师自身认知能力

① 唐毅：《新时期教师心理挫折的成因与对策》，《教育导刊》，2002 年第 19 期，第 17—19 页。

和忍耐力的差异,学校管理工作上的不足等都会造成教师不同程度的心理挫折。

第五,高考挫折。高考于学生而言意味着前途、命运,于教师而言意味着个人的执教水平、职称、工资待遇等。但高考的升学率是有限的,多年辛苦付出,如果班级的升学率高,可以让老师获得成就感,抵消工作的压力;如果升学率低,让很多老师失望至极,甚至羞愧难当,无法面对学校领导、学生家长,压力感就可想而知了。

三、应对挫折,疏解压力

心理挫折是一种主观感受,是否产生挫折感和产生何种程度的挫折感,与当事人的主观世界有直接的关系。教师必须树立正确的世界观和挫折观,要发扬主人翁精神,勇于面对各种困境,正确对待升学竞争。有了正确的态度、观点、方法,有了百折不回的精神,有了顽强坚毅的意志,有了乐观进取的精神,挫折感一般来说是可以避免、消除或摆脱的。下面几点有助于您消除心理挫折感:

(一)正确认识挫折的意义。挫折是每个人一生中无法避免的,是人生经历的危机,但危机既是"危险",也是"机遇",要超越挫折就是要善于把危机转化为机遇。巴尔扎克有句名言:"挫折和不幸,是天才的晋身之阶,信徒的洗礼之水,智者的无价之宝,弱者的无底深渊。"中国也有古语:"贫贱优戚,玉汝于成。"意思是说,生活中的挫折是砥砺人才锋芒的砺石。借助挫折能够磨练人们的意志,增长智慧,所谓"天将降大任于斯人也,必先苦其心志,劳其筋骨,饿其体肤,空乏其身,行拂乱其所为,所以动心忍性,增益其所不能",即为此理。

链接

大海上航行的船没有不带伤的

英国劳埃德保险公司曾从拍卖市场买下一艘船,这艘船1894年下水,在大西洋上曾138次遭遇冰山,116次触礁,13次起火,207次被风暴扭断桅杆,然而它从没有沉没过。劳埃德保险公司基于它不可思议的经历及在保费方面可带来的可观收益,最后决定把它从荷兰买回来捐给国家。现在这艘船就停泊在英国萨伦港的国家船舶博物馆里。

不过,使这艘船名扬天下的却是一名来此观光的律师。当时,他刚打输了一场官司,委托人也于不久前自杀了。尽管这不是他的第一次失败辩护,也不是他遇到的第一例自杀事件,然而,每当遇到这样的事情,他总有一种负罪感。他不知该怎样安慰那些在生意场上遭受了不幸的人。当他在萨伦船舶博物馆看到这艘船时,忽然有一种想法,为什么不让他们来参观参观这艘船呢? 于是,他就把这艘船的历史抄下来和这艘船的照片一起挂在他的律师事务所里,每当商界的委托人请他辩护,无论输赢,他都建议他们去看看这艘船。它使我们知道:在大海上航行过的船没有不带伤的。

[资料来源]陈林:《在大海上航行的船没有不带伤的》,《文苑·经典美文》,2010 年第 11 期,第 14—15 页。

(二)合理分析心理挫折。受挫折时的行为是一种情绪的非理智反应,它们往往是意识程度很低,甚至是未被意识的失控状态下的表现,这些表现也许会伤及他人,这样,就需给予必要的谅解和帮助。尤其作为学校领导者和同事,要豁达大度、富于同情,给予关怀和帮助。在分析受挫大小和成因的同时应帮助教师正确估计挫折后果的严重性,因为受到挫折的教师往往会把事情估计得过于严重,如认为后果是永远不可挽回的,一切全完了等等。

(三)充分进行自我调节。当教师受到挫折以后,其情绪会受到很大的压抑,会有紧张、不安、焦急、忧虑、悲伤、恐惧、痛苦、失望等反常表现,进而造成身心损伤。教师要加强自我认识、正视现实、自觉克制、自我调节,确立适当的目标;注意情绪的自我释放;掌握自己的心境,做心境的主人,要创造和提供一种机会,以抒发自己受挫的情绪而使自己不再感到压抑。

(四)提高挫折容忍力。挫折容忍力,是指个体遇到挫折时免于行为失常的能力,也就是个人能承受环境的压力或经得起挫折的能力,即"自我张力"。挫折容忍力有着明显的个人差异,一般说来,容忍力强的人不易遭受挫折;容忍力弱的人,挫折感则易于产生且感受也深。挫折容忍力是通过与困难作斗争、战胜挫折、消除失控而培养起来的。作为教育者要充分发挥主观能动性,有意识地培养自己对不利环境的适应能力,增强挫折容忍力。具体做法如下:(1)正确对待挫折——挫折是普遍存在的,它是生活不可或缺的一部分,没有挫折的人生是不存在的;(2)改善挫折情境——用智谋预防、改变、消除或逃避挫折情境;(3)总结经验教训——善于总结自己和别人失败和挫折中的教训;(4)调节抱负水平——要使个体生活中体验到成就感又不受挫折,就要提出既适合自己能力又具有挑战的目标,并建立和谐的人际关系。

视窗 6-5

挫折容忍力自测表

请你按"是"、"不是"和"不置可否"三个水平进行回答:

1. 你是否不计较别人对你讲话的态度?

2. 你是否对别人的批评尤其是在大庭广众中的批评耿耿于怀?

3. 你是否乐于看到同你关系不好的人取得成绩?

4. 你是否经常将自己的失败归咎于客观原因?

5. 你是否欢迎原先不如你的人如今超过了你?

6. 你是否嫉恨才智不如你的人得到提拔?

7. 你听有人讲你的坏话,是否能做到一笑了之?

8. 你和别人争吵以后,是否常常越想越气?

9. 你是否容易原谅别人不自觉的过失?

10. 别人讲话刺伤了你,你是否一定要回敬对方几句?

11. 你经常在领导面前夸赞同事所取得的成绩吗?

12. 你与同事相处是否奉"人不犯我,我不犯人;人若犯我,我必犯人"的宗旨?

13. 你尊重能力不如你的领导吗?

14. 朋友们是否指责你为人过于敏感?

15. 你是否认为没有必要对伤害你的人进行报复?

16. 你想起很久以前感情上受到过的创伤,仍会忿忿不平吗?

17. 你愿意同以前和你有过矛盾的人一起共事吗？

18. 你认为老实人在生活中经常吃亏吗？

19. 别人对你的亲疏,你是否看得很轻？

20. 你是否认为地位比你低的人对你进行批评是一种冒犯？

21. 你是否常常认为领导对你的批评是出于成见？

22. 你是否经常感到你在工作上的努力没有得到赏识？

23. 你主张与邻里相处中,宁肯自己吃亏也要搞好关系吗？

24. 你和爱人经常为一点小事而争吵不休,是不是？

25. 你是否认为互让互谅是夫妻相处的重要准则？

26. 你看到爱人多贴补娘家或婆家一些钱是否经常嘀咕不休？

27. 你认为工作中出现失误是难免的吗？

28. 当你看到爱人同异性在一起说笑,就感到不快吗？

29. 你认为任劳任怨是为人的美德吗？

30. 你是否希望爱人方面的穷亲戚越少越好？

评分原则:凡单数题,答"是"得 2 分,答"不是"为 0 分,答"不置可否"为 1 分。凡偶数题,答"是"得 0 分,答"不是"为 2 分,答"不置可否"为 1 分。如果总分在 50 分以上,则容忍力很大;总分在 40—50 分之间,容忍力可以,但在有些方面相对脆弱些;在 30—40 分之间,容忍力不太大;30 分以下,容忍力很小,总是怨天尤人,而且试图还击或报复别人,情绪总感压抑。

[资料来源]《挫折容忍力自测表》,《新闻三昧》,2000 年第 2 期。

第七章

青松挺且直
——完善人格　抵御压力

如前所述,教师是一个高压力的职业,高中教师尤甚。然而,即使面临最大压力的高三老师,也并非个个都被压力击垮,罹患职业枯竭,仍有相当一部分老师能够很好地适应压力,并取得骄人的成就,其原因何在呢? 长期以来,对于这一问题的研究主要集中于应对策略、社会支持、教学情境、工作满意度等方面,然而近年来对于人格差异在应对压力事件中的中介调节作用的研究越来越受到关注,"人格是人们应对压力的有效心理资源"这一观点逐渐为人所知。人格与压力之间存在着什么关系? 如何通过完善人格减少压力? 本章将针对上述问题一一解答,以期为高中教师提供某些有益的启示。

第一节

"绿"肥"红"瘦
——人格与压力

心理学上把人格看作是个体在先天生物遗传素质的基础上,通过与后天社会环境的相互作用而形成的相对稳定而独特的心理行为模式,主要由需要、动机、兴趣、爱好、态度、理想、信仰、价值观和世界观等个性倾向性及能力、气质和性格等个性心理特征所构成。David和 Reda(1993)研究发现,人格特质是引起教师压力的一个重要因素。[①] 那么究竟是人格的哪些方面与压力密切相关呢? 本文先从人格的构成要素谈起,然后从人格的类型对该问题进行分析。

一、人格构成与压力

(一) 个性倾向性与压力

教师个人个性倾向性上的一些特征,即需要、动机、兴趣、爱好、态度、理想、信仰、价值观和世界观不当往往

① Fontana, D., & Abouserie, R. (1993). Stress Levels Gender and Personality Factors in Teachers. British Journal of Edueational Psyehology, 63(2): pp. 261—270.

是导致压力的重要原因。例如,在动机方面,教师的工作动机是推动教师以其独特的职业角色从事教师职业所规定的行为和活动的内在根本力量。通常情况下,适当的动机水平有助于个体付出积极努力,取得较好的成就,建立良好的人际关系;但如果动机过强,则容易造成心理压力。如,有的老师要求自己在同行当中一定要出类拔萃;自己的学生一定要在各方面表现优秀突出,学习成绩在级部一定要遥遥领先;自己一定要得到领导的赏识、学生的喜欢、家长的认同、同事的尊重等等,正所谓"欲速则不达",这种面面俱到、事事争强的过强动机有时会适得其反,不仅达不到预期效果,反而会降低工作的效率,给自己带来更大的压力。另外,有的教师并不喜欢教师这一职业,只是为了应付就业压力而选择做教师,缺乏职业兴趣,从教动机不强,这样便不可能树立起教书育人的神圣的人生观和价值观,如此一来,一方面要比那些拥有浓厚兴趣、热爱教育职业、坚定职业信念的教师更容易产生职业压力;另一方面,在面对强大的职业压力时,更容易产生自我质疑、情绪波动,也更容易由于缺乏信念的支撑而被压力所击倒。

视窗 7-1

耶克斯-多得森定律

耶克斯-多德森定律阐释了动机与工作效率之间的关系。

心理学家耶克斯和多德森(Yerkes & Dodson,1908)的研究表明,动机强度与工作效率之间的关系不是一种线性关系,而是倒 U 形曲线。各种活动都存在一个最佳的动机水平,中等强度的动机最有利于任务的完成,工作效率最高,一旦动机强度超过了这个水平,对行为反而会产生一定的阻碍作用。动机不足或过分强烈,都会使工作效率下降。研究还发现,动机的最佳水平随任务性质的不同而不同。在较容易的任务中,工作效率随动机的提高而上升;随着任务难度的增加,动机最佳水平有逐渐下降的趋势。即在难度较大的任务中,较低的动机水平有利于任务的完成。这就是著名的耶克斯-多德森定律。

[资料来源]互动百科,http://baike. baidu. com/view/7278660. htm.

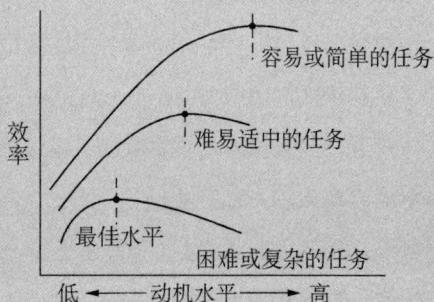

图 7-1 耶克斯-多德森定律示意图

（二）个性心理特征与压力

1. 能力与压力

能力不足或欠缺是导致压力产生的重要原因。Blix 与 Cruise 等人使用个人与环境匹配模型来解释在工作压力状态下个体与环境之间的相互作用，即当个人的能力适应环境要求时，可以称之为胜任，持续的胜任感会增强个体的价值成就感和竞争力，并促进工作生活质量的提高；反之，当个人能力不适应环境要求时，工作压力就会增加，带来各种紧张感，久而久之，会导致身心疾病。可见，能力在压力产生中的重要影响。对于许多高中教师来说，其压力的产生往往和能力不足、缺乏胜任感有关。如年轻教师刚进入职业角色时，因教学经验不足、教学能力较低易形成压力；面对新课改，那些因为种种原因无法尽快适应新课改要求的教师会有一种无能感、无助感，从而压力倍增；另外学校中存在一部分自我效能感不足、胜任感较低的教师，他们自身的能力有余，但在工作中由于自己的心理能力较低而使自己的教学效果有所降低，也会产生较强的压力，这部分因心理问题导致的压力更难以有效缓解。

2. 气质与压力

气质虽没有绝对的好坏之分，但每种气质都有其各自的优缺点。如果教师对自己的气质类型有清晰的认识，在工作中注意扬长避短，往往会驾轻就熟、游刃有余。但如果认识不足也会导致压力。例如多血质的教师活泼好动、反应迅速、行动敏捷，有高度的可塑性、灵活性，容易适应新环境，言语的鼓动性比较强，但是长久平凡而单调的教学生活易使他们消极萎靡、缺乏热情而感到疲惫。胆汁质的教师精力旺盛、活动迅速、不易疲劳，却容易冲动，因此缜密严谨的教学不适合他们；另外，容易冲动的个性往往会使他们在人际方面产生问题，引发人际压力。黏液质的教师注意力集中，情感和兴趣稳定，交际适度，不尚空谈，善于保持心理平衡，适合教学，但是他们因循保守的特征使他们在新形势下面对新问题时，容易因为需要应对改变而产生压力。抑郁质的教师对客观事物观察细致、聪明、想象丰富，处事谨慎、稳重、有较大的耐心与毅力，但是他们比较敏感、胆小、孤僻，多愁善感、不善交往，遇到困难或挫折时易畏缩，因此同样的境遇，他们的压力体验会更加深刻，压力感更强。

3. 性格与压力

作为个性核心成分的性格本身有着好坏之分，拥有良好的性格，如热爱教育事业、自尊自信、独立坚强、积极乐观、沉着冷静、情绪稳定、果敢自律、耐心细致、乐于助人、待人诚恳、诚实正直、温和宽厚等，这样的教师一方面不容易产生压力，另一方面，即使在压力面前也可以发挥自己的力量和资源，及时地缓解压力。反之，如果拥有不良的性格，如消极悲观、冷漠自私，缺乏同情心和真诚，情绪经常起伏不定、郁郁寡欢，做事马虎粗心、拈轻怕重、优柔寡断、莽撞任性，自负或自卑等，这样的教师在工作中没有坚定的信念和目标，没有平和的心态和良好的韧性，也不容易建立良好的人际关系，压力易感性就会较高，面对压力时也不能很好地解决。此外，某些性格的特殊组合会形成不同的性格类型，不同性格类型的压力易感性也不同，下面有专门的论述，此处不赘述。

（三）自我意识与压力

自我意识是个体对自己的认识和评价，具体而言是人对自己身心状态及对自己同客观世界的关系的意识。自我意识主要包括三种心理成分：自我认知、自我体验和自我控制。自我认知是主观自我对客观自我的认识与评价，对个体的心理健康具有重要的意义，会进一步影响个体的自我体验。自我体验是由主体对自身的认识而引发的内心情感体验，是主观的我对客观的我所持有的一种态度，如自信、自卑、自尊、自满、内疚、羞耻等都是自我体验。自我调节是自我意识的意志成分，主要表现为个人对自己的行为、活动和态度的调控，它包括自我检查、自我监督、自我控制等，是自我意识能动性的表现。

自我意识的各方面与压力密切相关。对于教师而言，良好自我意识的建立意味着他们能够正确地认识自己的角色身份与社会地位，并对这种认识有恰当适宜的态度，能够全面、客观地认识评价自己,既能认识到自己的缺点与不足,又能看到自己的优势与长处;拥有积极的自我情感体验,如自尊、自信、较高的自我效能感;具有良好的自我调节能力,能及时检查自己的问题所在,随时自我监控,对不良的情绪、行为进行及时调整,往往压力感较小,即使面对同样的压力,他们也能够运用强大的心理资源对压力进行合理地调适,避免严重问题的发生。反之,有些教师在自我意识方面存在问题,如有些教师对自己有过高或过低的评价,这会导致教师过分自负或过分自卑,这样的教师在工作中不易被周围环境和他人所接受和认可,不能够自信地完成工作,极易遭受失败和内心冲突。还有的教师自我调适能力比较差,面对问题时不是积极想办法加以解决,而是沉溺于问题中不能自拔。凡此种种都会导致或加剧压力感,使教师出现比较严重的压力反应。

二、压力偏爱哪种人? ——几种压力易感性人格分析

(一)A 型、B 型、C 型、D 型人格与压力

A 型人格(A‑Type Personality)[①]一词最早由 Friendman 和 Rosenman(1974)提出。他们通过对冠心病患者的临床观察发现冠心病患者往往表现出某些与正常的健康人相同或相似的行为特征,主要表现为:性情急躁、缺乏耐心、成就欲高、竞争心强、上进心强、有苦干精神、工作投入、做事认真负责、有时间紧迫感、动作敏捷、外向,但是社会适应能力差、办事匆忙、争强好胜,会把同事看作假想敌而产生精神压力,常常忽视合作的重要性。A 型人格的大多数人处于领导地位,他们过于追求事业和功名,却常常忽视个人健康状况,从而不懂得如何照顾自己,经常处在紧张和压力当中。

---

① Friedman, M. & Rosenman, R. H. (1974). Type A Behavior and Your Heart. New York: Knoph.

视窗 7-2

你是 A 型人格吗？

不妨采用这个简评工具自测一下是否具有 A 型人格？题目很简单，不要犹豫，想要知道真实答案请用"是"或"否"如实回答。

1. 在谈话中常过分强调一些词，并对句子最后的几个词一带而过吗？

2. 你走路、吃饭的速度是否总是很快？

3. 当事情的进展速度不能如愿，是否变得不太耐烦和生气？

4. 是否经常在同一时间内干几件事情？

5. 是否把话题经常转移到所感兴趣的事情上来？

6. 当你休息时是否会有负罪感？

7. 是否不注意环境中的新事物？

8. 是否关心结果而不接受过程？

9. 是否经常在很短的时间内安排很多事情？

10. 是否发现自己和某些人在暗地里竞争？

11. 在交谈时是否喜欢用感染力的手势敲桌子？

12. 是否认为行动迅速是成功的关键？

13. 在日常生活中是否经常用数字给自己的成就打分？

这些题目中，回答"是"得 2 分，回答"否"得 0 分。如果你的得分超过 13 分，你就具有 A 型人格倾向，如果超过 19 分，你属于极端的 A 型人格。

[资料来源]中文百科在线，http://www.zwbk.org/Mylemmashow.aspx? lid=130844.

后人在研究中针对 A 型人格提出了另外三种人格类型：

B 型人格(B-Type Personality)：B 型人格主要表现为性情不温不火、悠闲自得、紧张感低、有耐心，对工作和生活的满足感较强，生活中属于平凡一族，面对压力时基本上不会出现内分泌紊乱的状况，有良好的抗压能力。

C 型人格(C-Type Personality)：C 型人格主要表现为性情上克制压抑，面对冲突时倾向于回避，生闷气而不会表现出愤怒等负面情绪，有孤独感或无助感，行为上表现为与别人过分合作，对别人过分耐心，对权威过分屈从，这种人格因为过分压抑自己，很容易罹患癌症,因此,也被称为"癌症型人格"。

视窗 7-3

你是 C 型人格吗?

英国心理学家劳伦斯·莱森教授曾设计一个问题表以方便人们辨别自己是否属于 C 型人格,不妨自测一下:

1. 你感到很强的愤怒时,是否能把它表达出来?
2. 你是否不管出了什么事都尽可能把事情做好,连怨言也没有?
3. 你是不是认为自己是个很可爱的、很好的人?
4. 你是否在很多时候都觉得自己没有什么价值? 常感到孤独,被别人排斥和孤立?
5. 你是不是正在全力做你想做的事? 你满意你的社交关系吗?
6. 如果现在有人告诉你,你只能活 6 个月,你会不会把正在做的事情继续下去?
7. 如果有人告诉你,你的病已到了晚期,你是否有某种解脱感?

理想的答案是:1. 是;2. 否;3. 是;4. 否;5. 是;6. 是;7. 否。如果你的回答中有两个以上与上述答案相反,就说明你具有 C 型性格的特征。

[资料来源]互动百科,http://www.baike.com/wiki/C 型性格.

D 型人格(D-Type Personality):D 型人格的表现是性情上焦虑不定,爱发脾气而情绪低落,存在社会退缩,不主动接近他人,朋友较少,同时存在消极悲观的人生观和自我价值观。D 型人格的人在认知观念上存在一定的不足,在工作中面对逆境和挫折时容易产生较强的心理压力,由于没有较好的人际关系,跟同事相处存在一定的障碍,缺乏一定的社会支持,所以心理压力不易排解,容易导致心理问题从而影响生理健康。

视窗 7-4

你是 D 型人格吗?

请阅读每一个陈述,并在题后写上你所对应的数字:其中 1 代表"几乎没有",2 代表"有些",3 代表"经常",4 代表"几乎总是如此"。回答没有对或错之分。

1. 我很容易与人交往。

2. 我常常对不重要的事情小题大做。

3. 我常常与陌生人交谈。

4. 我常常感到不愉快。

5. 我常常容易被惹怒，发脾气。

6. 在社会交往中我常常感到拘谨和放不开。

7. 我对事情的看法很悲观。

8. 我觉得与人交谈时很难打开话题。

9. 我的心情常常很差。

10. 我是一个封闭型的人。

11. 我宁愿与其他人保持一定距离。

12. 我觉得自己经常为一些事情担忧。

13. 我经常闷闷不乐。

14. 在社会交往中，我找不到合适的话题来谈论。

选项中，2、4、5、7、9、12、13代表负性情感(NA)维度，1、3、6、8、10、11、14代表社交抑制(SI)维度。其中1、3反向计分，即1为4分，2为3分，3为2分，4为1分。D型人格的确定标准是NA≥10，同时SI≥10。你的结果出来是怎样的呢？

[资料来源]白俊云、许秀峰、赵兴蓉、王红：《D型人格量表在医学生中的信度、效度检验及初步应用》，《中国行为医学科学》，2007年第11期，第1038—1041页。

这四种人格类型中，除了B型人格注重修身养性，怡然自得，不容易引发压力及相应的身心疾病外，其他三种人格类型都具压力易感性，更容易因压力而引发身心障碍。如A型人格罹患心血管疾病的几率是B型人格的2—3倍；C型人格的人更容易得癌症；D型人格的人得心脏病、抑郁的可能性更高。

教师群体中，大多数的老师责任心比较强、做事认真、喜欢追求完美；遇到事情往往压抑自己的情绪，不善于表达或宣泄；比较敏感、清高、脆弱，不善人际交往，因此，A型、C型、D型的教师大有人在。教师群体之所以比较容易产生职业压力和枯竭，除了这一工作本身的特点外，与教师整个群体的人格类型特征不无关系。

（二）内-外控型人格与压力

心理学家海德认为，人们在工作和学习中体验到成功或失败时，会寻找内部或外部原因加以解释，据此将人格分为内控型、外控型人格特征。外控型人格的人，在面对问题时倾向于把原因和行为的控制因素归于自身以外的因素，从运气、任务难度和奖惩等方面寻找原因。而内控型人格的人，会把自己看作是主宰生活事件的因素，认为可以通过自己的努力达到目的，事情的成败取决于自己的努力、能力及态度等。相对于内控型的个体来说，外控型个体更可能把失败看作是不可克服的，不能够从自身分析原因，认为自己不能控制事情的发展。因此，外控型的人很少有积极的应对策略来应付挑战，而往往采取抱怨的形式来回避问题，从而产生焦虑低落的情绪，导致一定的压力。

对于高中教师而言，如果他们认为命运是掌握在自己的手中，即使失败了也可以通过自己的努力加以改变，那他们就属于内控型人格，他们对生活会更自信、更有掌控感，抱有更积极、乐观的生活态度；如果他们认为世界不是自己所能控制的，只能听天由命、随波逐流，即使成功了也是运气所致，那他们就属于外控型人格，这类教师往往比较自卑、无助，无能感比较明显，对生活更多持有消极、悲观的态度，更容易产生紧张、焦虑、抑郁、悲观的情绪，因此，更容易陷入压力与枯竭的状态中。

第二节

秋菊能傲霜
——完善人格　减少压力

一、多方出击，完善人格

如前所述，人格是由多种成分构成的有机整体，人格的方方面面都可能与压力存在千丝万缕的联系。因此，从人格构成的要素出发，高中教师可以审视自己在各个方面的问题与不足，从以下几个方面完善自己的人格，提高应对压力的能力。

（一）调整动机水平，避免过犹不及

从耶克斯-多德森定律可以看出来，动机强度与工作效率之间的关系不是一种线性关系，而是倒 U 形曲线。各种活动都存在一个最佳的动机水平，中等强度的动机最有利于任务的完成。动机强度处于中等水平时，工作效率最高，动机不足或动机过强都会降低工作的效率。根据动机与效率之间的这种关系，教师首先要分析自己的动机状态，看究竟处于哪一个水平。如果动机不足，对面临的工作任务就会准备不足，仓促应付，效率自

然低。这一部分教师需要重新审视自己的职业态度,培养职业兴趣与职业责任感,调整心态、抖擞精神、鼓足干劲,以取得最佳工作效果。相反,对于动机水平过强的教师而言,要意识到"欲速则不达"、"过犹不及"的道理,应该采取措施、放松心态、轻装上阵,把动机调整到最佳状态,往往会获得意想不到的结果。

耶克斯和多德森的研究还发现,动机的最佳水平随任务性质的不同而不同。在比较容易的任务中,工作效率随动机的提高而上升;随着任务难度的增加,动机最佳水平有逐渐下降的趋势。据此,面对简单的教学工作时,教师要尽量提高教学动机,力争一战成功;当面对难度较大的教学工作时,例如高考,很强的动机反而会降低效率,因此要适当降低动机水平,改变原有的必须成功的观念,不过分强调结果,保持良好的心态积极应对。

(二)培养职业兴趣,坚定职业信念

兴趣是避免或降低压力的很好的保护器。因为从事感兴趣的活动时往往较少体验到压力。因此,教师要培养自己的从教兴趣,意识到教师职业的高尚所在,以积极饱满的精神状态从事教学。研究学生的心理发展与学习规律,探索有效的教学方法,激发学生学习的兴趣,用优良的教学成绩缓解工作的压力。教师还要树立积极的教书育人的理想与信念,一旦有了理想与信念的支撑,压力也将会变成前进的动力!

(三)提高自身能力,增强胜任力

教师在教学工作中要严格要求自己,善于学习、勤于反思、敢于实践、恒于研究,掌握扎实的专业基础知识,注意相关资源的收集与整理,对任教科目具备一个完整的知识体系,以便更好地开展教学工作。根据教育目标实践自己的教育理想和追求,通过培训、交流、研讨等活动,积极提高自己的专业能力与任教能力,提高自己与学生交流的能力、班级管理的能力、语言表达能力、心理承受能力,以及根据新课改的要求进行教学改革的能力,培养与家长良好沟通的能力等等。只有全方位提高自己的教育、教学能力才能在教育过程中面对学生的提问、家长的质疑时灵活应对,坦然化解。

（四）了解自己的气质，发挥气质的积极面

每一种气质均具有积极和消极方面。教师要了解自己的气质类型以及每种气质的优缺点,在教育教学中尽量注意扬长避短。如多血质教师紧跟形势,扩展学生的知识视野,在灵活多变的教学中让学生提高求知欲和学习兴趣,也要防止自己注意力易变的缺点,培养专一的教学风格。胆汁质教师可以摸索一套适合自己的制怒、制急、制躁的方法,培养韧性、集中力、表现力等,让学生在轻松的教学氛围中获得知识,提高能力。黏液质教师是坚持而稳健的辛勤工作者,在与学生积极的交往中以自己的智慧将所学知识一点点呈现给学生,让学生扎扎实实地稳步前进,但也要注意避免过于固执、刻板、守旧与严格。抑郁质教师以自己谨慎细心的优点将复杂的教学内容有条不紊地呈现给学生,不妨敞开心扉,多与人交流;保持心胸豁达,避免多愁善感,努力提高自身心理的承受力和行动执行力。

（五）分析性格特点，塑造完美的性格品质

教师要时常对自己的性格进行自我分析、自我扬弃,并根据当前教育形式,树立正确的人生观、价值观,培养坚强的意志品质,持之以恒地提高自我修养,使自己的性格逐渐达到完善的境界。在塑造性格时要把握好最佳"度",使自己的性格顽强而不顽固、果断而不暴躁、自信而不自负、谨慎而不拘泥、谦逊温和而不怯懦自卑、幽默风趣而不油滑庸俗、活泼大方而不轻浮放荡、善于言谈而不夸夸其谈等。

（六）正确认识自我，不断自我完善与超越

有正确自我意识的教师,能恰当地评价、接受自己和他人,能控制和掌握自己的命

运。教师要提高认识自己的积极性,通过多种途径全面认识自己,在全面认识自己的基础上正确评价自己,积极地进行自我体验,既要肯定自己的优点,但是"梅须逊雪三分白,雪却输梅一段香",也要承认自己的不足并努力弥补改正,在工作和生活中正确地对待自我以及自我的社会角色定位,从而尽可能完善地实现自我的人生价值。此外,高中教师还要加强自我调控的能力,不要冲动任性。正所谓:"君子有所为有所不为",多为有助于自我发展、减缓压力的事情,少为甚至不为损害自我健康、增加压力的事情,通过自我调控远离压力、控制压力,进而不断完善自我与超越自我!

二、有的放矢,各个击破

(一)为什么一定要完美? ——调整 A 型完美主义人格

社会上流传有"A 型人格'心'不好"的说法。A 型人格的教师总是太忙碌,而忘记自己需要休息放松,忘记自己或许已经达到了一定的极限。为了学校工作,他们会压缩自己与家人、同事和睦相处的时间,压缩睡眠休息时间,压力的不断积累增加使他们对压力的感知能力下降,不懂得调整自己的压力状态,于是很容易因为过度疲劳而罹患心血管疾病,这是一种以牺牲健康为代价的适应方式。传统文化讲究"过犹不及",这个道理大家虽都明白,但是工作和日常生活的担子却像一把利剑一样悬在头顶而让人不敢松懈,在他们看来工作才是重要的,其他的都应该让位于工作。

怎样才能解除 A 型人格教师在心理上和生理上的过度紧张和压力呢? 不妨从以下几个方面进行尝试:(1)改变完美主义倾向,认识到自己的能力,不要高估自己,不要给自己施压,制定一个符合自己实际能力的目标。(2)合理安排时间,给自己预留可以回旋的余地,从而使自己在工作生活中可以弹性支配自己的时间。(3)划清工作与休息的界线,认识到工作以外休息的重要性。(4)培养幽默感,传递快乐,分享快乐。(5)培养业余爱好,增加生活情趣。(6)学会运用弹性思维,化逆境为顺境,变挫折为动力,化不和为友情。(7)经常参加体育活动,提高机体承受能力。

（二）好人争取有"好报"——告别C型人格

C型人格的人过分自我克制、回避矛盾、迁就、忍让、宽容、依赖、顺从，为取悦他人或怕得罪人而放弃自己的爱好、需要，基本属于"好好先生"或是"好好小姐"，但这种性格带来的并不是好的结果，反而是很糟糕的结果——具有这种性格特征的人易患癌症。

然而，具有C型人格特征并不可怕。我们知道，人的性格是在生活中形成的，也可在生活中改变，因此，从现在做起，只要通过自己的意志努力，完全可以改造性格的某些不良方面，具体可以从以下几方面着手：

1. 及时寻找合适的途径疏泄或排解负性情绪

对于容易引发癌症的C型人格，其最主要的问题在于不表达自己的负面情绪，过于顺从他人，回避冲突。因此，不要一味地压抑克制自己的负性情绪，特别是那些严重的焦虑、抑郁、愤怒、不满等，不要为难自己，要寻找合适的途径发泄，缓解情绪、平衡心理。可以宣泄的方法有：唠叨、倾诉、视觉想象、长吁短叹、听悲伤的音乐或是看悲伤的电影让自己号啕大哭，使抑郁缓缓地释放出来。同时利用自己的主观能动性，有意识地培养、锻炼自己从恶劣心境和无助无望状态中走出来的能力。

2. 充分地相信自己，肯定自己的价值

C型人格的人大多不自信，过多看重他人的评价，很多时候要靠帮助别人去肯定自己。C型人格需要注意的是，不要过分畏惧权贵和他人的评价，要充分地相信、依赖自己。要知道每个人都有自己的优点与长处，都有无限的潜能与价值，都是独一无二的存在！因此，C型人格的教师平时要善于积极自我关注，发现自己的优点，多鼓励、肯定自己；对于缺点自我接纳，不过分苛求自己，放弃对自我的惩罚与指责，代之以心灵的安慰与放松；积极行动，不断完善自己，并努力获取成功，及时肯定自我的价值，培养自信。

3. 学会爱自己，建立良好的人际关系

C型人格的人对他人的需要很敏锐，但却经常忽略自己的需要。对他们来说，满

足别人的需要比满足自己的需要更重要,因此,他们处处为他人着想,为了他人不惜牺牲自己的利益,却很少向他人提出请求。这样的性格与处事方式会使他们拥有良好的人际关系,但这却是一种不平衡的人际关系——只讲付出,不讲回报,爱别人胜过爱自己。久而久之,也会身心枯竭。因此,此类人格的教师,关心别人、为他人付出之余,更应该学会好好爱自己,尊重自己内心的需要;他人的要求如果干扰了自己的生活或工作时,学会坚决地拒绝,不要委曲求全,违心而为;学会合理表达内心的不满与情绪,敢于说出自己内心的想法与情感,不要过分压抑自己;当他人给予帮助时也要以坦然的心态加以接受,不要不安自责。坦然接受他人的关爱并以同样的爱回报他人是心理健康、内心强大的表现。

4. 每天花 5 分钟做个白日梦

压抑忍耐的 C 型人必要的时候可以根据自己的心理需要做几分钟"白日梦"。"白日梦"对人的身心都有益,当你在脑子里想着最令你愉快的事情之时,细胞会变得活跃,免疫细胞也随之增多。医学专家指出,经常做白日梦的人,免疫系统的损耗也随之降低。此外,在浮想联翩中,想象自己已经做到了平时没有勇气做的事情,通过想象暗示自己"我是重要的"、"我能行",以增强自信,缓解心理压力。

（三）敞开心扉发现美好——与 D 型人格说再见

D 型人格的人自我认识不足,以他人的评价来认知自己,过低估计自己,在工作中常以自己的短处与他人的长处对比,自我评价也越来越低。面对新局面时,会因为自我认识不足而紧张,产生心理负担,从而产生消极的自我暗示,抑制了自信心,并对以后的行为产生负性影响。神经耐受性低,轻微的挫折就会给他们以沉重的打击,使他们变得消极悲观而自卑。D 型人格的教师要想改变自己,可以从以下几方面着手:

1. 正确认识自己,提高自我评价

要善于发现自己的长处,肯定自己的成绩。不要把别人看得十全十美,把自己看得一无是处,要认识到他人也会有不足之处。敢于接受别人对自己的高评价,不要一味地听信低评价,提高自信心,克服自卑感。

2. 进行积极的自我暗示,正确认识挫折

当面临某种情况感到自信心不足时,不妨对自己进行积极的心理暗示:"我行,我能行,我一定行",自我鼓励,怀着"豁出去"的心理去从事自己的活动,他人可以做的事情自己也可以做,相信事在人为,积极地尝试,产生自信心。当失败时要认识到"失败乃成功之母",不要轻易地被打败,下次继续加油。

3. 认识到自卑的利与弊,提高克服自卑的自信心

自卑的人往往都很谦虚,善于体谅人,不会与人争名夺利,安分随和、善于思考、做事谨慎,一般人都较相信他们,并乐于与他们相处。自卑的人要正确看待自己的自卑心理,看到自卑也有其有利的一面,认识这些优点可以增强生活的信心,为消除自卑奠定心理基础。

(四）掌握自己的命运航向——改变外控性格

大量研究表明,外控型教师往往将事件或成就归因于不可控制的有权力的他人、机会或者运气,遇到压力时,就会觉得自己无能为力,只有消极等待,因而工作压力程度高。那对于外控型教师,该采取什么样的措施来缓解自己的心理压力呢?

你怎么看待你曾经有过的失败。

那是俺的运气不好。

图 7-2　被采访者将自己的失败归咎于运气

1. 正确归因，自主掌控命运

外控型教师可以经常观察心理压力体验低的内控型教师的处事方式，在工作中，学习将成功归因于能力等稳定因素，以提高自己的信心，提高行为的积极性和主动性，保持对成功的期望；将失败归因于自己不够努力这个相对不稳定的内因，则可增强努力与坚持行为，提高争取成功的信心。

2. 培养自信，提高自我效能感

外控型教师在面对压力时，不要听天由命、随波逐流、坐以待毙，而要善于发现、寻找自己内在的能量，要坚信自己，通过自己的努力去掌控自己的命运。当面临压力时经常给自己一些积极的心理暗示，如"我很棒！""我要把握自己的命运！""我有很大的潜力，只要我努力，我一定会成功！""我今天可以在工作中保持良好的状态，我一定行！"等等，并通过反复练习把它们内化为一种自动化思维，用以控制自己的行为、想法和情绪。相信，只要持之以恒，并配以积极的行动，生活一定会发生一些改变！一旦取得成就，要及时强化，肯定自我，通过一步步提高自我的效能感，从而获得战胜压力的强大的内部资源。

3. 采取行动，积极应对

无论是自信心的获得，还是压力的缓解，最终都需要落实到行动中。一方面，外控型教师要积极行动起来，通过努力获得成就来增强自信，另一方面学会正确认识压力的症状，反思自己压力的真正来源，积极地进行自我调适，提高自己的专业能力，主动寻求帮助，积极化解矛盾和问题。同时要培养兴趣爱好，丰富自己的文化生活，改善心态、调节情绪，学会和善于忙里偷闲，参与有益身心健康的活动。坚持参加体育锻炼，始终保持旺盛的精力和强健的身体，有效消除心理疲劳。

三、塑造人格，提高免疫力

（一）发掘潜能，塑造健全人格

健全人格是人格中各种积极特征的有机整合，与精神世界的和谐发展互为因果。

拥有健全人格的教师,乐于学习和工作并不断地汲取新经验;有良好的团队精神和人际关系;对自己有正确全面的认知,能实现自知、自尊和自我悦纳;能以辩证的态度看待生活中的逆境和压力,积极地调控情绪并保持良好心境。一个有健全人格的教师必然是有自我扩展能力,与人热情交往,具有现实性知觉,能够客观地看待自己,自我接纳的成熟者;必然是独立自主,能够准确地认识现实,具有自然朴实的美德,拥有明确的伦理道德标准和民主的价值观,具有创造性的"自我实现者";必然是有协调的自我并与他人高度协调,以自己的内在评价机制评价经验,自我关注的功能充分发挥者;必然是有创发性思维,以良心为其定向系统,有创发性爱情并能真正地体验幸福的"创发者"。

视窗 7 - 5

自我实现者

美国人本主义心理学家、人类潜能运动的先驱者马斯洛认为人格健全的人通常是"自我实现者"。他对"自我实现者"进行了深入的研究,发现这些人都满足了自己自我实现的需要,所有的能力都得到了发挥,所有的潜能得以实现。马斯洛从"自我实现者"身上归纳出15种人格特点:(1)能充分地、准确地认识现实;(2)对自己、对他人、对整个自然都能够做到最大限度的认同和接纳;(3)有自然、朴实和纯真的美德;(4)经常关注社会上各种疑难问题;(5)喜欢独处,有超俗的品质;(6)独立自主,不受文化和环境的约束;(7)有高品位的鉴赏力;(8)常有高峰体验;(9)能建立持久的友谊;(10)有民主的价值观;(11)有明确的伦理道德标准;(12)不带有敌意的富有哲理的幽默感;(13)有创造性;(14)不消极地适应现存的社会文化类型;(15)以问题为中心,而不是以自我为中心。

[资料来源]http://wenku.baidu.com/view/784054ea5ef7baod4a733bdd.html.

健全人格对个体的积极意义表现为多方面:(1)拥有健全人格的教师能够使自己内部心理和谐发展,言行统一,能够正确地认识和评价自己的所作所为是否符合社会道德准则,能及时调整个体与外部世界的关系,同时增强心理适应能力,使自己更愉快地工作、更幸福地生活。(2)拥有健全人格的教师能够在人际交往中显示出自尊和他尊、理解和信任、同情和人道等优良品质,在日常交往中既不随波逐流,也不孤芳自赏,能够使自己的行为与朋友、同事、学生协调一致,形成良好的人际关系。(3)拥有健全人格的教师在学习、工作中被强烈的创造动机和热情所推动,并将其与自己的能力有效地结合起来,从而使他们勇于创造、善于创造,经常有所发现、有所发明、有所革新、有所建树。他们的成功,往往又为他们带来满足和愉悦,并形成新的兴趣和动机,使他们的生活内容更加充实。

拥有健全的人格,你就拥有了成功的资本,拥有了战胜压力的强大武器。即便在最艰苦的时候,你的心中也会拥有坚定的信念、至高的理想和美好的梦想,指引着你战胜困难,抵御压力,最终迈向成功的舞台。然而,健全人格的塑造并不是一朝一夕就可以做到的,需要在生活工作中慢慢地磨砺,不断体悟,不断完善。但要坚信,每个人都有巨大的潜能,只要努力,都可以使自己的人格更加健全,趋于完善,从而提高压力的免疫力。我们可以从以下方面努力:

1. 从小事做起,培养良好的人格品质

"不积小流,无以成江海",从小事做起,从身边做起,培养自信、开朗、勇敢、热情、勤奋、坚毅的人格品质,面对压力时要积极应对而不是消极回避。

2. 接纳自己,不要刻意改变自己

如果你是性格内向的教师,你就要知道,内向也是一种个性特征,内向是你适应环境的一种方式,是你的最佳的定向,你变成任何一种外向性格也许就无法适应周围的环境,因此,不要刻意地改变自己,接纳自己也是归宿。

3. 融入集体,维护良好的人际关系

人格健康的人乐于与他人交往,并能与他人建立良好的关系,受到他人的尊重与接纳。作为教师,要在学校这个大集体中,通过与领导、同事、学生的交往,看到别人的长处,弥补自己的短处,妥善地解决冲突,化解矛盾,并从他人那里获得理解、肯定和欢悦。在人际关系中也要学会帮助他人,助人自助,更好地在以后的生活中解决自己的问题。

4. 保持对工作和生活的兴趣,养成良好的习惯

时刻保持对生活的热情、对工作的兴趣,使自己更具活力,能感受到生命的意义。好的习惯使人立于不败之地,坏的习惯却足以毁掉人的一生,不断地"日三省吾身",培养良好的习惯,缩小与健全人格的距离。

（二）兵来将挡，塑造压力应对人格

健全的人格能够提高压力免疫力，但要对抗压力，需要进一步探讨的是究竟怎样的人格能够最有效地对抗压力，避免压力带来严重的侵害。著名学者黄希庭先生首先提出"压力应对人格特征"这一概念[①]，所谓压力应对人格（stress coping personality），就是有利于个体应对压力，维护或促进身心健康的人格特征，具有的特征主要有：（1）挑战性。压力抵抗者能积极地投入工作与生活中，有较大的挑战性和改变倾向。（2）自觉控制力。压力抵抗者能够合理地评价问题，减少压力源。（3）乐观。面对困难时，可以通过积极乐观的思考方式，不让事情变成压力，把坏事变成好事，使人眼前一亮，出现一片豁然开朗的新天地。（4）自我效能感。面对一项任务时，个体认为自己有能力去完成，有一种胜任感。（5）自我控制和自我弹性。自我控制是指通过延迟满足、抑制攻击、做出计划以控制冲动的能力；自我弹性是指以自我调控来适应环境要求的能力。二者都属于经历压力事件时调整自己心身的能力。

作为一名教师，要正确面对自己的压力，塑造压力应对人格：

1. 正确评价自己，保持心理平衡

正确估量自己，对事情的期望值不能过分高于现实值。面对压力无法解脱时，不妨采用"阿Q"精神，在逆境中进行心理补偿，但要记住自我宽慰不等于放任自流和为错误辩解。也可以将自己的注意力从困难面前转移，"失之东隅，收之桑榆"，用新的轻松的目标达到心理平衡，缓解心理压力。

2. 提高心理保健意识，学会心理调适方法

教师要面对繁重的工作、复杂多变的教育对象、迅速变化的世界，难免会产生各种各样的消极情绪反应，要学会调节情绪，例如采用转换思维方式、角色换位法等，保持心理平稳。

[①] 黄希庭：《人格心理学》，浙江教育出版社，2002年版，第614—615页。

3. 建立良好人际关系,善于寻找快乐

教师具有多种社会角色,会与不同的人进行交往,因此要善于协调自己的角色,保持自身与社会的平衡,将自己和谐地融于社会之中,善于与同事、家长,特别是与学生保持融洽的交往关系。在良好人际关系的基础上,热爱自己从事的教育工作,把工作当作乐事,在工作中尽可能发挥自己的个性和聪明才智,并从工作的成功中获得满足和激励。

4. 提高自身适应能力,有所为有所不为

教育在社会变革中不断变化,对教师提出了更高的要求。教师要不断学习,在竞争中充实自我、更新自我、完善自我,提高适应能力,通过自身健康的心理状态和良好的心理素质去帮助学生获得人格的健全发展。这就要求教师在学会适应社会发展变化的同时要懂得学会放弃。

人生有太多让自己心动的东西想去追逐,但实际上不能全部拥有它,如果不能正视现实,就必然会引起许多不必要的烦恼。有时,放弃也是一种美。

视窗 7 - 6

君子有所为有所不为

1. 生活中很多不必要的负担,都应交到应该交付的地方;

2. 将钱交给银行;

3. 将怕忘的事交给记事本;

4. 将方方面面的工作交给各个负责的部下;

5. 将无法预测的未来交给命运;

6. 将今天没解决的问题交给明天;

7. 将烦恼交给自生自灭的情绪规律;

8. 将没必要背的包袱交给大地;

9. 将孩子的成长一定程度上交给孩子自己;

10. 将多余的牵挂交给过往云烟;

11. 将难以忍受的内心折磨交给知心朋友;

12. 将恋人有关忠贞的允诺交给他(她)本人保管;

13. 将自己的作为交给别人任意评价；

14. 将对未来的忧虑交给未来；

15. 将旅途的劳顿交给淋浴；

16. 将身心疲惫交给随心所欲的休闲；

17. 将失去所爱的痛苦交给自然而然的淡化与遗忘；

18. 将明天的收获交给今天的耕耘和风雨旱涝；

19. 将自己赤条条剥光了交给自然。

[资料来源]柯云路：《工作禅二十四式》(7)，http://www.360doc.com/content/13/1015/11/144545_321583440.shtml.

第八章

海内存知己
——管理人际 舒缓压力

孟子曰:"天时不如地利,地利不如人和。"他强调"人和"在成就事业方面的重要作用,而这里的"人和"就是指人际关系。人作为社会的存在,是各种"社会关系的总和"。在现实生活中,每个人都不可能离群索居,必然要与其他社会成员交往,在交往过程中建立一定的人际关系。人际关系的建立是人类社会发展的基础,也是个体正常发展的基本需要。没有基本的人际关系和人际交往,个体的社会需要得不到合理满足,会给个体带来很大的困扰,严重威胁个体的生存与发展。心理学研究表明,人际交往的数量、质量与个体的心理健康水平密切相关。对于高中教师而言,不良的人际环境本身就可能构成很重要的压力源,而良好的人际环境则能够有效缓解压力,提升高中教师的心理健康水平。

第一节

剪不断，理还乱
——人际关系与压力

一、不良的人际关系：一种重要的压力源

人类的心理适应，最主要的是对人际关系的适应。良好的人际适应有助于个体建立良性的社会关系网络，获得充分的社会支持；相反，如果个体因为某些外部的原因干扰或者是自我缺乏基本的社会交往技能，就可能遭遇种种人际交往的不适，这本身就是非常重要的压力源，使个体或者因为经常处于人际矛盾与冲突中而会体验到紧张、焦虑与不安，或者孤家寡人，形单影只，忍受寂寞与孤独的煎熬，更严重的，可能会对个体的心理健康产生负面影响，造成某些心理功能受损，严重危害个体的身心健康。

视窗 8-1

人际关系测验

请根据自己的实际情况，认真考虑下列问题，从所给备选答案中选出最符合的一项。

1. 每到一个新的场合，我对那里原来不认识的人，总是：

A. 能很快记住他们的姓名，并成为朋友。

B. 尽管也想记住他们的姓名并成为朋友，但很难做到。

C. 喜欢一个人消磨时光，不大想结交朋友，因此，不注意他们的姓名。

2. 我所以打算结识朋友的动机是：

A. 我认为朋友能使我生活愉快。

B. 朋友们喜欢我。

C. 能帮助我解决问题。

3. 你和朋友交往时持续的时间多是：

A. 很久，时有来往。

B. 有长有短。

C. 根据情况变化，不断弃旧更新。

4. 你对曾在精神上、物质上诸多方面帮助过你的朋友总是：

A. 感激在心，永世不忘，并时常向朋友提及此事。

B. 认为朋友间互相帮助是应该的，不必客气。

C. 事过境迁，抛在脑后。

5. 在我生活中遇到困难或发生不幸的时候：

A. 了解我情况的朋友，几乎都曾安慰帮助我。

B. 只是那些很知己的朋友来安慰我、帮助我。

C. 几乎没有朋友登门。

6. 你和那些气质、性格、生活方式不同的人相处的时候总是：

A. 适应比较慢。

B. 几乎很难或不能适应。

C. 能很快适应。

7. 对那些异性朋友、同事，我：

A. 只是在十分必要的情况下才会去接近他们。

B. 几乎和他们没有交往。

C. 能同他们接近，并正常交往。

8. 你对朋友、同事们的劝告、批评总是：

A. 能接受一部分。

B. 难以接受。

C. 很乐意接受。

9. 在对待朋友的生活、工作诸多方面我喜欢：

A. 只赞扬他（她）的优点。

B. 只批评他（她）的缺点。

C. 因为是朋友所以既要赞扬他的优点，也要指出不足或批评缺点。

10. 在我情绪不好、工作很忙的时候，朋友请求我帮他，我：

A. 找个借口推辞。

B. 表现不耐烦断然拒绝。

C. 表示有兴趣，尽力而为。

11. 我在穿针引线编织自己的人际关系时，只希望把下述人编入：

A. 上司、有权势者。

B. 只要诚实，心地善良。

C. 与自己社会地位相同或低于自己的人。

12. 当我生活、工作遇到困难的时候，我：

A. 向来不求助于人，即使无能为力时也是如此。

B. 很少求助于人，只是确实无能为力时，才请朋友帮助。

C. 事无巨细，都喜欢向朋友求助。

13. 你结交朋友的途径通常是：

A. 通过朋友们介绍。

B. 在各种场合接触中。

C. 只是经过较长时间相处了解而结交。

14. 如果你的朋友做了一件使你不愉快或使你伤心的事，你：

A. 以牙还牙也回敬一下。

B. 宽容，原谅。

C. 敬而远之。

15. 你对朋友们的隐私总是：

A. 很感兴趣，热心传播。

B. 从不关心此类事情，甚至想都没想过，即使了解也不告诉旁人。

C. 有时感兴趣，传播。

评分与解释：1—5 题 A、B、C 得分分别为 1、3、5；6—10 题 A、B、C 得分分别为 3、5、1；11—15 题 A、B、C 得分分别为 5、1、3。15—29 分：人际关系很好。30—57 分：人际关系一般。58—75 分：人际关系较差。

[资料来源]http://www.czmec.cn/s16/t/166/a/22311/info.jsp.

二、良好的人际关系(社会支持)：压力缓冲器

俗语道：一个篱笆三个桩，一个好汉三个帮。如果拥有良好的人际关系，当自身处于压力、苦恼等负性情绪困扰的时候，能在自己的人际关系中获得重要的心理支持(在心理学上称为社会支持)，这本身就是一种非常有效的应对工作压力的方法或资源，可以成为应付压力的缓冲器。社会支持有很多分类，根据不同的标准可以划分为不同的类别：

1. **客观支持、主观体验到的支持和对支持的利用度。** 客观支持是客观存在的支持，即个体所接受到的实际支持，如某些物质上的援助；主观体验到的支持也称领悟社会支持，即个体所体验到的情感上的支持，也就是个体在社会中受尊重、被支持、被理解因而产生的情感体验和满意程度，与个体的主观感受密切相关；对支持的利用度是个体对社会支持的利用情况，有些人虽然可以获得支持，却拒绝别人的帮助。

2. **家庭支持、朋友支持、其他支持。** 这是从社会支持来源角度进行的分类，强调个体对各种社会支持来源的理解和领悟。

3. **认知支持、情感支持、行为支持。** 这是以社会支持维度为出发点的分类。认知支持指提供各种信息、意见与知识等；情感支持指安慰、倾听、理解及交流等；行为支持指实际的帮助行动。不同的分类反映了研究者们对其本质的不同理解，当然，不同类别中许多内容是相互交叉的。

视窗 8-2

社会支持评定量表(SSRS)

指导语:下面的问题用于反映您在社会中所获得的支持,请按各个问题的具体要求,根据您的实际情况来回答。谢谢您的合作。

1. 您有多少关系密切,可以得到支持和帮助的朋友?(只选一项)

(1) 一个也没有。　　　(2) 1—2个。

(3) 3—5个。　　　　　(4) 6个或6个以上。

2. 近一年来您:(只选一项)

(1) 远离家人,且独居一室。

(2) 住处经常变动,多数时间和陌生人住在一起。

(3) 和同学、同事或朋友住在一起。

(4) 和家人住在一起。

3. 您与邻居:(只选一项)

(1) 相互之间从不关心,只是点头之交。

(2) 遇到困难可能稍微关心。

(3) 有些邻居都很关心你。

(4) 大多数邻居都很关心您。

4. 您与同事:(只选一项)

(1) 相互之间从不关心,只是点头之交。

(2) 遇到困难可能稍微关心。

(3) 有些同事很关心您。

(4) 大多数同事都很关心您。

5. 从家庭成员得到的支持和照顾(在合适的框内划"√")

	无	极少	一般	全力支持
A. 夫妻(恋人)				
B. 父母				

续 表

	无	极少	一般	全力支持
C. 儿女				
D. 兄弟姐妹				
E. 其他成员(如嫂子)				

6. 过去在您遇到急难情况时,曾经得到的经济支持和解决实际问题的帮助的来源有:

(1) 无任何来源

(2) 下列来源(可选多项)

A. 配偶 B. 其他家人 C. 亲戚 D. 同事 E. 工作单位 F. 党团工会等官方或半官方组织 G. 宗教、社会团体等非官方组织 H. 其他(请列出)

7. 过去,在您遇到急难情况时,曾经得到的安慰和关心的来源有:

(1) 无任何来源

(2) 下列来源(可选多项)

A. 配偶 B. 其他家人 C. 亲戚 D. 同事 E. 工作单位 F. 党团工会等官方或半官方组织 G. 宗教、社会团体等非官方组织 H. 其他(请列出)

8. 您遇到烦恼时的倾诉方式:(只选一项)

(1) 从不向任何人诉讼

(2) 只向关系极为密切的1—2个人诉讼

(3) 如果朋友主动询问您会说出来

(4) 主动诉讼自己的烦恼,以获得支持和理解

9. 您遇到烦恼时的求助方式:(只选一项)

(1) 只靠自己,不接受别人帮助

(2) 很少请别人帮助

(3) 有时请别人帮助

(4) 有困难时经常向家人、亲友、组织求援

10. 对于团体(如党组织、宗教组织、工会、学生会等)组织活动,您:(只选一项)

(1) 从不参加

(2) 偶尔参加

（3）经常参加

（4）主动参加并积极活动

量表计分方法：第1—4，8—10条，每条只选一项，选择1、2、3、4项分别计1、2、3、4分，第5条分A、B、C、D四项计总分，每项从无到全力支持分别计1—4分，第6、7条如回答"无任何来源"则计0分，回答"下列来源"者，有几个来源就计几分。

社会支持评定量表分析方法：总分，即十个条目计分之和。客观支持分：2、6、7条评分之和；主观支持分：1、3、4、5条评分之和；对支持的利用度：8、9、10条评分之和。该表用于测量个体社会关系的3个维度共10个条目，有客观支持（即个体所接受到的实际支持）、主观支持（即个体所能体验到的或情感上的支持）和对支持的利用度（支持利用度是反映个体对各种社会支持的主动利用，包括倾诉方式、求助方式和参加活动的情况）3个分量表，总得分和各分量表得分越高，说明社会支持程度越好。

［资料来源］百度文库，http://wenku.baidu.com/view/08cc5e7f27284b73f24250e2.html.

三、识别高中教师人际压力源

教师是一种多角色的职业，是知识的传授者，家长的代理人，学生集体的领导者，学校的员工，又是同事、学生的朋友知己，在不同人们的心目中扮演着不同的角色，如果不能及时进行角色转换，调整与其他人相处的原则，就会出现角色冲突，影响人际关系。教师自身处理人际关系的好坏，对其提高教学效果、培养高素质的学生以及自我发展具有重要作用。正确处理好上述几个方面的关系，能使老师做到心境平和、身心愉悦，防止工作压力和职业倦怠的产生。高中老师目前所面临的人际关系主要有：师生关系、同事关系、教师与领导关系、教师与家长关系及其他关系等。这些构成了高中教师的工作压力源。

（一）师生关系

对于教师而言，师生关系是其人际关系中的主要构成。中国传统上有"尊师重教"

的优良传统,倡导对教师的尊重、敬爱甚至服从。但是由于种种原因,比如个别老师教育方式不当,学生自主意识、逆反心理的存在,一些不良社会风气的影响等等导致师生关系并非那样和谐,现实中甚至出现很多扭曲的师生关系,令人震惊。

扭曲的师生关系

案例

安徽长丰县双墩镇吴店中学的两名学生在课堂上打架,被曝授课教师杨经贵没有制止,而是坚持继续上课,以致一名学生死亡。

一个月连续发生三起弑师案。(人民网 2008 年 12 月 10 日)

女教师被逼向学生下跪道歉后住进精神病院。(《华西都市报》2008 年 12 月 8 日)

教师因批评学生挨耳光并被打倒在地。(《北京晨报》2008 年 12 月 8 日)。

小学教师疑因体罚学生被家长要求道歉后服毒自杀。(中国网 2008 年 12 月 15 日)……

教师不管、被殴、被辱、被逼疯甚至被弑的新闻,成为社会关注的焦点,蜇痛了人们的心。同时,也折射出当前中国教育的弊端,功利教育导致师生关系扭曲和变异。

原因

1. 当前师德师风很不乐观,部分教师素质低、对学生不负责任,是师生关系矛盾的主要原因,因此必须加强师德师风建设。

2. 当前教师的教学自主权薄弱,对学生管理严格、要求严格,不但不会让学生感激,反过来会惹来学生的记恨、家长的指责。由此学生的行为被纵容,无法无天,对教师没有起码的尊敬。

3. 当前应试教育体系注重知识教育,忽视了学生心理健康教育、生命教育,使学生人格不健全,也不珍惜生命。

4. 工具理性在教育界"蔚然成风",教师把教书作为生存的工具,而学生把接受教育作为参与社会竞争的工具。教师和学生之间,只是金钱关系、利益关系,而不复传统的师徒关系，"亦师亦父"的师生关系荡然无存。

[资料来源]百度百科,http://bbs.jxteacher.com/showtopic-671098.html.

（二）教师与领导关系

领导用人不当、管理不力、处事不公等往往容易造成教师和领导的关系紧张。在中学,教师和领导除了因为个性原因可能发生分歧与冲突外,最主要的是教师和领导分别处于不同的位置,扮演的角色有所差异,对某些问题的看法,如教育理念、学生管理、奖评制度、考核制度、职称评审、利益分配等问题上会有不同的立场、不同的观点,如果不能及时沟通,很容易引发矛盾与冲突。

（三）教师与同事关系

常言道:"同行是冤家。"教师之间由于潜在的竞争和利益分配等因素,关系非常微妙和复杂。处理得当,不仅有助于自身的发展,也有助于学校的发展;处理不好,不但影响个人的心情,还会影响工作成绩。有的教师与同事的关系极不和谐,究其原因,可能是由于激烈的竞争、同事间性格不合、看法不一等造成的。长期处于这种不良人际关系中的教师,往往会产生对立、消沉等不良情绪,并引发出自卑、妒忌、埋怨、畏怯等心理,有的甚至会自暴自弃,形成人格障碍。

（四）教师与学生家长关系

中央电视台 2009 年 11 月 20 日《今日说法》报道了这样一件事:2009 年 9 月 16 日,新学期刚开学不久,教师节也刚过去 6 天,才上第一节课,在吉林省吉林市的一所小学里面,一位老师却当着全班同学的面被学生家长给打了。在网上百度一下,输入"打老师",找到相关网页约 2 220 000 篇,可见"打老师"并不稀罕。目前学生家长与老师间存在的问题不少,比如缺乏沟通、家长期望过高、对教师不信任等等,这些都会影响到教师和学生家长之间的关系。

（五）教师与家人的关系

对我们每个人来说,事业和家庭是相辅相成的,教师群体亦不例外。由于高考指挥棒的影响,高中教师普遍存在较大的压力,不少教师一心扑在教学上而忽视了家庭。有时候感觉在工作中学生所犯的错误和出现的问题已经够让自己心烦的了,回家还有一大堆的事情需要自己去处理。每当这个时候,就会给教师造成很大的心理压力。其实,殊不知,家庭是人心灵的港湾,如果能将自己在工作中遇到的问题及时与家人进行沟通,或许他们可以从局外人的角度帮我们分析自己所处的境地,更有利于自己跳出来看问题,将事情看得更清楚,从而缓解自己的工作压力。

人际关系的不和谐因素让教师不能从交往中体验到自己的价值,不能从工作中找到乐趣,相反它让教师讨厌教育工作,疏远领导、同事、学生;工作上消极被动,遇到困难绕道回避,导致工作成效不高;自尊心、自信心丧失,产生失败感,陷入难于应付和失去控制的焦虑之中。而家庭关系处理不好,后院失火时,叫人怎能安心工作?

第二节

以"和"为本
——高中教师人际压力应对

高中教师压力重重，建构良好的人际关系，既能避免人际交往危机带来的压力，又能为解决其他压力提供强大的社会支持。以下是几点参考意见。

一、遵循人际交往的一般原则

正所谓"己所不欲，勿施于人"，良好人际关系的建立需要遵循基本的原则。

（一）尊重原则

尊重包括两个方面：自尊和尊重他人。自尊就是在各种场合都要尊重自己，维护自己的尊严，不要自暴自弃。尊重他人就是要尊重别人的生活习惯、兴趣爱好、人格和价值观等，在具体的交往中注意语言的表达，不要伤害别人。

（二）平等原则

在人际交往中,平等是建立人际关系的前提。人都有友爱和受人尊敬的需要,都希望得到别人的平等对待,人的这种需要,就是平等的需要。因此,与人交往应做到一视同仁,不嫌贫爱富,不盛气凌人,而是始终将心比心,学会换位思考,只有平等待人,才能得到别人的平等对待。

（三）诚信原则

诚信原则一是指"真诚",人与人交往,诚以待人往往能够赢得他人的信任与尊重,容易让人产生感情的共鸣,收获真情与友谊。相反,虚情假意、虚与委蛇只能让人心生戒备,避而远之。二是指"信用",信用即指一个人诚实、不欺骗,不轻许诺言,但只要承诺就要遵守诺言,说到做到,如此方能取信于人,赢得长久的信任。

（四）理解原则

每个人因为生活环境、成长经历、所受教育、个性品行诸方面的差异,人际交往中难免出现不和谐的声音,这时就需要人与人之间相互的理解。理解就是我们能真正地了解对方的处境、心情、好恶、需要等,并能设身处地地关心对方。有道是"千金易得,知己难求",人海茫茫,知音难觅啊! 善解人意的人,永远受人欢迎。

（五）相容原则

相容是指人际交往中的心理相容,即指人与人之间的融洽关系,与人相处时的容纳、包涵、宽容及忍让。要做到心理相容,应注意增加交往频率,寻找共同点,谦虚和宽容。为人处世要心胸开阔，宽以待人。要体谅他人，遇事多为别人着想，即使别人犯了错误或冒犯了自己，也不要斤斤计较，正所谓退一步海阔天空，礼让三分，以免因小失大，伤害相互之间的感情。只要对干事业、团结有利，做出一些让步是值得的。

（六）互利合作原则

互利是指双方在满足对方需要的同时，又能得到对方的报答。人际交往永远是双向选择、双向互动。正所谓"你敬我一尺，我敬你一丈"，你来我往，互利互惠、互帮互助，交往才能长久。在交往的过程中，双方应互相关心、互相爱护，既要考虑双方的共同利益，又要深化感情，如果仅仅出于利益的考虑，这样的关系注定不会长久。

上述这些人际交往的基本原则，是处理人际关系不可分割的几个方面。运用和掌握这些原则，是处理好人际关系的基本前提。

视窗 8-3

人际交往的黄金法则和白金法则

黄金法则：黄金法则出自基督教《圣经·新约》中的一段话："你想人家怎样待你，你也要怎样待人。"这是一条做人的法则，又称为"为人法则"，几乎成了人类普遍遵循的处世原则。

白金法则：白金法则的精髓就在于"别人希望你怎样对待他们，你就怎样对待他们"，从别人的需要出发，然后调整自己的行为，运用我们的智慧和才能使别人过得轻松、舒畅。

黄金法则和白金法则启示我们，在社交中和处理人际关系时，要尊重人，待人真诚，公正待人。每个人都有自尊心，自尊是一种由自我所引起的自爱自信，并期望受到他人或社会肯定的情感。然而，许多人都存在这样一种想法：值得我尊重的人，我才尊重；不值得我尊重的人，我没有必要尊重他。其实，尊重与某个人是否能干完全是两码事。尊重不存在值不值得的问题，我们应当尊重每一个人的人格，就像我们自己希望受到别人尊重一样。

[资料来源]http://wenda. haosou. com/q/1369923432060242? svc=140.

二、提高人际交往的技巧

（一）保持良好的人际沟通

生活中的许多矛盾与误会常常是由于缺乏沟通所致，良好人际关系的建立离不开沟通。有人说："人生的幸福就是人情的幸福，人生的幸福就是人缘的幸福，人生的成功就是人际沟通的成功。"可见，沟通对于幸福成功人生的重要意义。通过沟通可以及时掌握信息，消除误会，有助于心理健康；沟通还有助于了解别人，并从别人那里进一步了解自己；通过沟通能从他人那里接触到与自己不同的观点，对于完善自我有很大的益处。教师一方面在日常的工作、生活中要注意多与学生、同事、领导、学生家长、家人进行沟通与交流，多与他人交往、交心、谈心。另一方面在沟通的过程中要掌握沟通技巧，比如在与学生相处的时候，应适当地表达对学生的关爱；口语言辞应精简，思路要清晰，比喻要恰当；积极倾听与适度地反应，设身处地地去了解学生；保密与承诺的适当使用等。唯有如此，师生之间方能建立坦诚、友好、信赖、尊重与理解的师生关系，其他类型的人际关系同理。

链接

与人进行口头沟通时，要注意：

● 少讲些讥笑的话，多讲些赞美的话。

● 少讲些批评的话，多讲些鼓励的话。

● 少讲些带情绪性的话，多讲些就事论事的话。

● 少讲些模棱两可的话，多讲些语意明确的话。

● 少讲些破坏性的话，多讲些建议性的话

［资料来源］http://www.doc88.com/p-9883671281063.html.

（二）正确使用身体语言

在人际交往中，除了借助语言，人们的感情流露和交流经常还会借助于人体的各种器官和姿态进行，这就是我们通常所说的身体语言，主要包括眼神、手势、触摸、肢体动作和面部表情等，以及通过空间、服饰等所表露出来的非显性信息，其中使用最广的是眼神、手势、触摸、肢体动作和面部表情这类身体语言。它作为一种无声的语言，在生活中被广泛地运用，在社交活动中有着特殊的意义和重要的作用。研究表明人际交往的全部信息＝55％表情＋38％声音＋7％语调。由此可见，身体语言在人际交往中的重要作用。

作为教师，在与人交往的时候，除了注意自己的语言信息外，一定要注意非言语信息或身体语言的表达。比如，与学生谈话时，注意面带微笑、态度和蔼；即使批评学生，也尽量做到态度真诚、循循善诱，而不是大光其火，冲动失态；见到同事或领导主动打招呼、握手、点头等；社交场合尤其是比较庄重的场合注意自己的着装大方得体，动作端庄适宜；与人交流时，根据具体的亲疏关系保持适当的空间距离；倾听对方说话时，注意面部表情尤其是目光的交流等等。

链接

身体语言的 SOFTEN 原则

S——微笑（Smile）

O——准备注意聆听的姿态（Open Posture）

F——身体前倾（Forward Lean）

T——音调（Tone）

E——目光交流（Eye Communication）

N——点头（Nod）

［资料来源］http://abc.wm23.com/chenqi1994/266192.html.

第八章 海内存知己

（三）善于应用人际吸引的增减原则

社会心理学有一个非常普遍的原理——"人际吸引的增减原则"，其大意是：人们最喜欢那些对自己的喜欢、奖励、赞扬不断增加的人或物，最不喜欢对自己的喜欢、奖励、赞扬显得不断减少的人或物。我们要善于应用人际吸引的增减原则，在与他人交往的过程中，一方面，自己要真诚待人，保持前后一致的良好形象，"路遥知马力，日久见人心"，用一以贯之的良好品性赢得不断的加分；另一方面，在对他人进行评价的时候，要多去肯定他人，赞美他人，才能赢得他人对我们的肯定和积极评价，赢得良好的人际关系。

视窗 8 - 4

心理实验：让别人听到你的评价

美国社会心理学家阿伦森与林德请了许多被试分四组来参加一项实验，其中一位被试是研究者的助手，亦即假被试，研究者安排这名假被试担当这些被试们的临时负责人。在每次实验的休息时间，这名助手都会到研究主持者的办公室向其汇报情况，其中会谈到对其他被试的印象和评价，被试们的休息室与研究主持者的办公室只有一墙之隔，虽然两人压低声音谈话，但是实验以巧妙的安排，让被试们每次都能清楚地听到别人怎样评价自己。具体有四种情境：肯定——让第一组被试始终得到好的评价；假被试从一开始就用欣赏的语气说他们如何如何好，他如何如何喜欢他们；否定——对于第二组被试，假被试自始至终都对他们持否定态度；提高——对第三组，前几次评价是否定的，后几次则由否定逐渐转向肯定；降低——对第四组，前几次评价是肯定的，后几次则从肯定逐渐转向否定。然后，研究者问所有被试有多大程度上喜欢这个助手。让被试们从一10到＋10的量表上作答案，结果发现，喜欢程度的平均分：第一组的得分是＋6.42，第二组为＋2.52，第三组为＋7.67，第四组为＋0.87。你肯定别人，别人也喜欢你；你否定别人，别人也不喜欢你。

研究者认为，前两组的表现说明了人际吸引中的"交互性原则"，即你肯定别人，别人也喜欢你;你否定别人,别人也不喜欢你。对此,心理学家霍曼斯进一步发现和指出,人与人之间的交往本质上是一个社会交换过程。只有当一种关系对人们来说是值得的,人们之间的交往行为才会出现,人际关系才可以建立和维持。

[资料来源]南京心理咨询网,http://www.doc88.com/p-093202537134.html.

三、寻求广泛的社会支持

建立社会支持系统,有助于减轻教师压力,延缓倦怠感的产生。为此,作为管理者,应努力创设良好的工作环境,为高中教师提供有力的社会支持,具体可从以下几个方面入手:(1)实行民主化、人本化管理,营造团结、和谐的学校氛围;(2)关心教师的需要与困难,注意倾听教师的心声,积极采取措施为老师排忧解难;(3)建立公平、公正的教师考评制度和职称评审制度,尊重教师的劳动成果;(4)建立教师培训制度,及时为教师充电,为教师发展搭建良好的平台,提高其胜任力;(5)学校应该帮助教师处理好与学生及学生家长的关系,出现问题时,应该做教师的坚强后盾;(6)组织各种活动,为教师提供健身、放松、休闲的机会;(7)定期组织教师检查身体,重视教师的身体健康;(8)关注教师心理健康,提供专门针对教师的心理咨询服务,预防教师发生严重心理问题。

作为教师自身,应该主动出击,恰当处理自己的人际关系,为自己建构一个积极、稳定、多维的社会支持网络,如此,即使面对大的压力,也会"众人拾柴火焰高","有福同享,有难同当",从而有效化解压力与危机。为此,教师应注意处理好以下几种关系[1],让它们成为自己的社会支持网,而不是压力源:

---

[1] 孙国玲、来伟:《教师要有正确处理人际关系的能力》,《新课程(中学版)》,2007年第4期,第11—14页。

（一）正确处理师生之间的关系

教师和学生的关系是教育过程中最重要的关系，只有当师生关系民主、平等、和谐一致、亲密无间时，教师的主导作用和学生的主体地位才能真正得到保证，教育和教学才会收到应有的成效，要建立和发展和谐的师生关系，教师应当做到以下几方面：

第一，要热爱关心学生。爱是教育的灵魂，没有教师对学生满腔热情的爱，便没有成功的教育。作为教师应该关心爱护每一个学生，关心他们的学习、生活、安全、健康、心理的需求等等，了解他们的困扰，真诚帮助他们。以爱动其心，以情感其人，会使学生产生温暖、安全、愉悦的情感体验，进而"亲其师，信其道"，使师生情感相通、关系和谐。

第二，要理解尊重学生，这是教师正确处理与学生关系，建立民主、平等、亲密的新型师生关系的重要前提。正确对待教师威信，消除教师的权威心理是建立良好的师生关系的关键环节。理解学生就要设身处地地体察学生的心理，懂得学生的所思所想、所好所求。做学生的知心朋友，尊重学生，就不能对学生讽刺挖苦、体罚辱骂，要与学生平等交换看法，认真听取学生的反映并允许提出不同意见，尊重学生的个性，引导学生形成良好的人格。在批评教育学生的时候，更要注意尊重学生的人格，爱护学生的自尊心，有礼貌地对待学生，就事论事，而非评论品性地与学生沟通。

链接

如何巧妙地批评别人

● 批评尽量在单独相处时提出

● 批评前应略微地给予赞扬或肯定

● 批评时不要针对人，批评某种行为，而不要批评某个人

● 提供正确行动的答案

● 提出建议，而不是命令

● 一次犯错，一次批评

● 以友好的方式结束批评

[资料来源]http://bbs.running8.com/threod-8632-1-1.html.

第三,要"宽""严"适度。学生也明白"严是爱,松是害",教师对学生充满爱,这是毋庸置疑的,但是爱要具有原则性、教育性,不能是非不分,恣意放纵;反之,也不能认为好老师必须要对学生"严",总是在学生面前摆架子、板面孔,让学生"畏"而远之。总之,要把握住"严"的分寸,既要严格要求学生,坚持原则,又要在教育的方式上注意态度和蔼,循循善诱,让学生理解老师的动因是出于对学生的爱。此外,还应针对学生的个性特点进行工作,如对性格开朗的学生有问题可直接批评;对自尊心较强、性格内向的学生,处理问题就应委婉慎重。对学生严格要求离不开仔细周密的思想工作,切忌轻率武断,要以理服人,这样才能使学生心悦诚服,从而克服缺点、健康成长。

链接

美国中学生心目中好教师的 12 种素质

1. 友善的态度,"课堂如一个大家庭一样";

2. 尊重课堂内每个人,"不会把你在他人面前戏弄";

3. 有耐心,"绝不放弃一个人,直到你做到为止";

4. 兴趣广泛,"带给学生课堂以外的观点";

5. 良好的仪表,"语调和笑容使人舒畅";

6. 公正,"没有丝毫偏差";

7. 幽默感,"欢乐而不单调";

8. 良好的品性,"从不发脾气";

9. 对个人的关注,"帮助认识自己";

10. 伸缩性,"说出自己的错";

11. 宽容,"装作不知道我的愚蠢";

12. 有方法,"我完成任务,竟然没有觉察到这是因为他的指导"。

[资料来源]http://blog.sina.com.cn/s/blog_4ce61c490100aob8.html.

（二）正确处理与学校领导的关系

教师与学校领导之间关系融洽，对于维系学校群体的整体性，形成学校的内聚力，提高学校共同活动的效率和教育教学质量具有重要作用。从组织关系看，学校领导与教师是上级与下级、领导与被领导的关系，但就培养学生这一共同目标而言，又是同事关系。因此，无论从行政领导的上下级关系上说，还是从同事间的合作上讲，教师应对领导尊敬和支持。尊敬领导，并非"唯命是从"，更不能认为是"眼睛向上"。对人尊敬是人的一种美好的品德，不能因为他是领导，就与之对抗来显示自己独特的个性。只有建设良好的领导与被领导关系，才能有利于教师素质的提高与发展，才能有利于创新教育的实施。这就要求教师有一个"适应"的问题，但同时也有一个领导作风的改变问题。在处理领导与教师关系的过程中，领导起主要的作用。

（三）正确处理与同事的关系

同事既是竞争的对手，也是合作的伙伴，作为教师，应该加强与同事的交往、交流、沟通与合作。为此，一是增加相互交往的频率。只有通过多次交往，才能使彼此间得到的信息实现沟通与交流，才能创设彼此进行认知的机会。二是加强自身修养。因为个人良好的品格、才能、特长等都可能会引起他人的钦佩、尊重，如正直、宽容、善良、知识渊博及某种特长等，都能对他人产生人际吸引。三是要主动达成个性与需要的互补。因为，有许多工作（包括生活）都需要人们之间的合作与"互补"（如性格外向、直率、自信心强的人与性格内倾、温和、耐心的人一起配合效率可能更高）。因此，与同事相处，教师要处理好竞争与合作之间的关系，既要把同事看作是竞争对手，通过不断学习提高自己的素质与能力，更要把同事看作是朋友与合作者，注意相处之道，相互学习、相互激励、相互团结、相互合作，把可能成为"冤家"的同行变成自己的朋友、榜样和合作伙伴，共同完成教书育人的目标，与此同时为自己营造良好的工作环境和氛围。

链接

如何让自己成为同事的知心朋友

- 要学会安慰和鼓励同事

- 遇事勤于向同事求援

- 要学会成人之美

- 不能得理不饶人

- 有什么大事及时报告给大家

- 不能搞小团体

- 外出要与同事打招呼

- 不能明知而推说不知

- 可以和同事交流生活中的一些私事

- 不能冷淡同事的热情

- 不要刨根究底

- 千万不能出口伤害同事

[资料来源]http://www.17u.net/bbs/show_4_367442.html.

（四）正确处理与学生家长的关系

中国现阶段家庭教育存在很多误区,需要学校和家长多沟通交流,共同促进孩子的健康发展。为此,高中老师一要注意尽量抽时间多与家长沟通,让家长及时了解孩子在学校的表现,配合老师进行教育;二是教师在与家长沟通时,可以向家长介绍高中阶段孩子心理发展的特点和不同阶段的主要任务,解答家长在孩子教育与发展中的一些疑问,让家长对孩子的发展有所了解,从而使教育更有针对性;三是教师可以适当向有关家长介绍一些教育的方法和艺术,帮助家长科学地处理好亲子关系,整合家长的合力,共同促进孩子的发展。但在与家长的沟通与交流的过程中应注意:

1. **寻访家长要尊重,做到不伤感情。**正所谓"敬人者,人恒敬之"。教师与家长要建立起良好的关系,最重要的一条就是要尊重学生家长。尊重学生家长,要求教师对学生家长以礼相待,不能以为自己有较高的知识素养,就以傲气十足的态度对待学生家长。作为教师,不能训斥、指责家长,更不能说侮辱学生家长人格的话,否则会造成教师与家长之间的隔阂甚至对立,还可能引起学生对家长或教师的不满,损坏教师的形象,降低教育效能。

2. **对家长多报"喜"少报"忧"。**"望子成龙、望女成凤"是每个家长的心愿。谁都希望自己的孩子有出息,都想从老师嘴里听到自己孩子进步的好消息。在日常的教育工作中,只要学生学习进步、成绩提高、竞赛得奖,都可以通过电话或短信给家长报报"喜"。这样老师高兴,学生高兴,家长高兴,何乐而不为呢?

3. **对待家长要一视同仁。**在班级中学生的家庭背景和状况各不相同,教师不能人为地把学生和家长分成三六九等。教师在接待家长时绝不能带着世俗的功利色彩,以貌取人,以职取人,以财取人。教师在处理学生问题时,要做到一碗水端平,绝不能偏袒其中一方,而怠慢另一方,否则很容易引起家长的不满,给学生心灵造成极大的伤害,也会给学校、社会带来不良的影响。

总之,正确处理好与家长的关系,同家长架起一座良性沟通的桥梁,双方互通情报、互递信息、相互启发、相互补充,才能赢得家长的尊重、理解和合作,才能发挥学校教育与家庭教育的"合力",共同完成好教育、培养学生的任务。

(五)正确处理与家庭成员的关系

在处理好上述关系的同时,教师应学会处理好自己与家庭成员的关系,如夫妻关系、亲子关系等。家庭对每个人来讲都非常重要。常言道,家是心灵温馨的港湾,是事业的坚强后盾。教师在工作之余尽可能做好与家人的沟通,让家人感受和理解自己工作的重要性和意义,赢得家人的理解与支持、包容与关心,营造一个温馨而又相互理解的家庭环境。

  如何处理人际关系是门大学问，不是一朝一夕之事，需要我们在日常的生活中，用心去沟通、交流和体会，遇事不慌、沉着冷静，扮演好自己在每段关系中的角色，为自己建立良好的人际网络与社会支持系统。如此，即使面对过重的工作与生活压力，也能够调动我们的社会资源，帮我们化解心灵的危机，减少压力可能造成的更加严重的伤害。

第九章

闲看庭前花开花落
——健康生活　远离压力

第一节

举杯消愁愁更愁
——生活方式与压力

一、生活方式与压力的关系

生活方式是人们生活过程中习惯化的行为状态,是人们生活活动的总和。[1] 我们日常所说的生活方式一般指人们的生活习惯、消费观念、生活品位、交往方式以及休闲方式等。

生活方式与压力之间存在着割舍不断的联系。生活方式与压力相互影响、相互制约。适度的压力会对个体产生积极影响,激发个体潜力,提高其工作效率,从而促进个体寻求积极的生活方式,而积极的生活方式又可以缓解个体过高的压力,从而使个体的压力处于一个相对稳定的适当水平。相反,持续过高的压力会对个体的身心产生极大的消极影响,容易诱发躯体性疾病乃至心理疾病,这必然会使个体陷入不良的生活方式之中,如失眠、酗酒、食欲不振等等,这些不良的生活方式反过来又会加重个体的生理和心理疾病,导致更大的压力,使

---

[1] 居蔚青:《上海市大学生生活方式对身心健康自评的回归分析》,华东师范大学硕士学位论文,2008年。

个体陷入无法跳出的恶性循环之中。

链接

猝死找上年轻人,压力、不良生活方式或是元凶

几年来,各地猝死事件频繁上演,2012 年 8 月 1 日凌晨,浙江电台动听 968 的微博上跳出一条消息:主持人郭梦秋于 7 月 31 日晚在家中突发心肌梗塞,经急送新华医院抢救无效辞世,年仅 25 岁。南京某外企 30 岁职工,长期从事 IT 工作,脑力劳动强度大,一个月来连续加班,导致心肌梗塞突发致死。今年"五四"青年节,挪威游泳健将戴尔·奥恩因为心脏骤停猝死。两个多月来,国际体坛先后有六名优秀运动员因为各种原因而猝死。

猝死,一个听起来恐惧的词,离我们究竟有多远? 数据显示,我国每年死于心脏性猝死的人数近 55 万,平均每天有上千人猝死。猝死现象越来越频繁,并且呈现年轻化趋势,不少青壮年风华正茂,突然之间英年早逝。究竟是什么原因导致猝死?

北京大学生命科学学院博士生导师郑晓峰认为,猝死一方面是因为患者有基础疾病,另一方面则是生活习惯、生活方式不正确造成的。"年轻人猝死一般是因为生活方式不洁,喜欢烟酒、暴饮暴食、熬夜,生活压力大,工作方式比较紧张。"广西医科大学第一附属医院心理卫生科教授孙华认为,当今社会处于高压力、快节奏的环境中,一些青年人缓解压力的方式较为单一,通过酗酒或烟草的滥用,寻求情绪上的平静或是愉悦感。而烟草和酒精的滥用对身体造成的影响较大,如导致心血管病和脑血管病,加上过度劳累,间接增加了猝死的可能。

[资料来源]久久健康网,http://news.9939.com/shwx/2012/0523/1554858.shtml.

二、高中教师不良生活方式举隅

"春蚕到死丝方尽,蜡炬成灰泪始干"历来都是教师忘我工作的生动写照,其中高中教师尤其如此。巨大的工作压力使高中教师把大量的时间都用到了工作上,生活极不规律,大部分教师都存在睡眠时间短、体育活动少、吸烟等不良的生活方式,健康状

况受到严重的威胁。高中教师常见的不良生活方式主要表现在以下几点。

（一）经常加班、熬夜，睡眠不足

由于要应对高考,高中教师补课多,备课多,会议更多,有时还忙于批改作业,每天都要忙到很晚,并且没有规律。最重要的是"心"累,心理压力大,担心不抓好学生成绩,自己的地位会受到冲击,校长不重视,家长不买账,学生不欣赏。尤其是当教师面临职称评定、课题研究时,加班加点成了家常便饭,几乎每天都睡眠不足 7 小时。睡眠不足,不仅会影响第二天的工作效率,而且会降低身体的免疫力,导致各种疾病,如神经衰弱、食欲下降、容易感冒等;睡眠不足会使人注意力不集中,记忆力减退,影响创造性思维;睡眠不足还容易产生情绪低落、烦躁易怒或焦虑紧张等压力表现,严重影响教师心理健康。

链接

睡眠不足的危害

1. 影响大脑思维,工作效率下降。专家实验证明,人的大脑要思维清晰、反应灵敏,必须要有充足的睡眠,如果长期睡眠不足,会使人心情忧虑焦急,且大脑得不到充分的休息,还会影响大脑的创造性思维和处理事物的能力。继而工作效率也就大打折扣了。

2. 睡眠不足催人老。睡眠不足导致黑眼圈、眼袋、皮肤干燥。夜晚是人体的生理休息时间,晚上 11 时到凌晨 3 时是美容时间,也就是人体的经脉运行到胆、肝的时段。这两个器官如果没有获得充分的休息,就容易出现粗糙、脸色偏黄、黑斑、青春痘等问题。

3. 睡眠不足导致各种疾病。经常睡眠不足,会使人心情忧虑焦急,免疫力降低,由此会导致种种疾病发生,如神经衰弱、感冒、胃肠疾病等。另外专家研究表明,睡眠不足或不规律除了让人们眼睛胀涩、嗜喝咖啡、在下午会议上打盹之外,还会增加多种重大疾病的患病风险,包括癌症、心脏病、糖尿病和肥胖症等。

［资料来源］百度百科,http://baike.baidu.com/view/392149.htm.

（二）极度缺乏体育锻炼

很多教师整天忙于工作,根本没时间去参加运动。早晨急急忙忙去上班,一上班就是一整天,下班回家,路上经常会遭遇塞车,浪费不少时间。回到家,还要忙着做饭和辅导孩子,有时间还要批改学生的作业和做科研,有时还要忙于各种应酬,几乎没时间锻炼身体。教师很少参加体育锻炼,这使得他们很容易感到疲劳,大脑思维迟钝,精神压力增加,人容易变得心神不宁,机体免疫力下降,各种身体和心理疾病自然就会找上来。

（三）有病不求医

过高的压力严重损害着教师的身体健康,导致教师生理疾病增多。浙大网(2002.9.6)报道了教师健康调查的各项指标,结果表明,教师各种疾病发病率均高于一般水平。但是,教师常常为了不浪费学生上课的时间而不愿意请假看病。专家调查发现,将近一半的教师有病自己胡乱买药解决,有近1/3的教师则根本不理会身体上的"小毛病"。许多疾病因为被拖延而错过了最佳的治疗时间,小病积成大病,最终造成了严重的后果。

（四）不及时吃早餐,饮食不规律

随着工作节奏的加快,能吃上符合营养要求的早餐已经成为教师们的奢求。不及时吃早餐或者胡乱塞几口在教师中较为普遍。有调查发现,有近3成的年轻教师不吃早餐。据专家介绍,在对教师一日三餐的调查中发现,21—33岁的年轻教师营养失调状况相当严重，仅有 71.3％的年轻教师坚持每天吃早餐。他们不吃早餐的原因是"早上时间紧"或"做早餐太麻烦"。

（五）饮酒吸烟

生命是一次性产品，人生是一个单行道，我们要注重健康，尊重生命，虽然拥有健康不能拥有一切，但失去健康却会失去一切。饮酒、吸烟是生命健康的两大杀手，相信每个教师都十分清楚，但是饮酒吸烟的现象在男教师身上仍然十分普遍。许多教师为了缓解压力或者迫于应酬，经常饮酒或者吸烟，在学校办公室里经常可见男教师在吞云吐雾，教师的健康状况着实令人担忧。

视窗 9-1

心理自测——你的生活方式是否健康？

你了解自己的身体状况吗？你知道怎样珍惜自己的身体、防止未老先衰、防止丧失劳动能力吗？要想评价自己的生活方式是否健康，请回答下列问题：

1. 如果早晨你要早些起床，你会怎样做？

    A. 定好闹钟

    B. 相信自己的生物钟

    C. 碰运气

2. 早晨醒来，你会怎样做？

    A. 马上起床并立即开始工作

    B. 不慌不忙地起床，做些轻微活动，然后开始准备上班

    C. 继续躺在床上消闲一会儿

3. 你的早餐通常都吃哪些食物？

    A. 咖啡或面包片和菜

    B. 肉食和咖啡或菜

C. 一般不在家吃早餐，喜欢 10 点左右吃早饭

4. 你喜欢什么样的工作秩序？

    A. 必须准时上班

    B. 提前或拖后 30 分钟内到达工作岗位

    C. 灵活的工作安排

5. 你希望午休时间能够有多长？

    A. 来得及去食堂吃饭

    B. 不慌不忙地吃饭，而且还要悠闲地喝一杯咖啡

    C. 不慌不忙地吃饭，而且还要休息一会儿

6. 工作繁忙时，你是否常常找机会与同事们开开玩笑？

    A. 每天开玩笑

    B. 有时开玩笑

    C. 很少开玩笑

7. 如果你在工作中被卷入冲突情境，你怎么办？

    A. 长时间讨论

    B. 冷淡地摆脱争吵

    C. 明确地阐明自己的观点，拒绝争吵

8. 下班后你通常拖延多少时间再回家？

    A. 不超过 20 分钟

    B. 可达 1 个小时

    C. 1 个小时以上

9. 业余时间你通常干些什么？

    A. 做社会工作

    B. 做自己喜欢做的事

    C. 料理家务

10. 与朋友相聚和接待客人，对你来说意味着什么？

    A. 是散散心和消遣一下的机会

    B. 费时费钱

C. 是不可避免的灾难

11. 你一般什么时候睡觉?

    A. 总是大约在同一时间

    B. 随自己的心意

    C. 做完一切事之后

12. 你怎样利用自己的休假时间?

    A. 马上全部用完

    B. 一部分在夏天用,一部分在冬天用

    C. 当有许多事情积在一起时就用两三天

13. 运动在你的生活中处于什么位置?

    A. 局限于捧场者的角色

    B. 在空气新鲜的地方做操

    C. 认为日常工作和家务体力劳动就是运动

14. 最近 14 天你是否曾从事过下列活动?

    A. 跳舞

    B. 从事体力劳动或运动

    C. 步行不少于 4 公里

15. 你怎样度过暑假?

    A. 积极休息

    B. 干体力活

    C. 散步和进行体育锻炼

16. 你的虚荣心表现在你:

    A. 不惜任何代价,极力争取达到自己的目的

    B. 指望你的努力必定带来成果

    C. 向周围人暗示你的真正价值

请在下表中找出你的每个答案的分数并算出总分。

表9-1 关于生活方式是否健康的测验评分表

题目	1	2	3	4	5	6	7	8	9	10	11	12	13	14	15	16
A	30	10	20	0	0	30	0	30	10	30	30	20	0	30	0	0
B	20	30	30	10	10	20	10	20	0	0	30	30	30	30	20	30
C	0	0	0	20	30	0	30	0	30	0	0	0	0	30	30	10

400—480分：可以大胆地说，你会生活。你能很好地安排工作和有效的休息时间。毫无疑问，这必定会提高你业务活动的效果。

280—400分：你的生活方式接近正常，你已经掌握了在最紧张的工作中恢复体力和精力的艺术。你还有潜力来更合理地组织自己的工作，提高效率。

160—280分：你与大部分人一样，是一个不太注意生活方式的人。如果你一直这样下去，到老年身体是不会太好的。因此，你应该尽快改善自己的生活方式。

160分以下：你生活得不够好。如果你觉得有点不舒服，特别是心血管系统，这要归于你自己的生活方式。你需要请教专家——医生、卫生学家或心理学家。但最好是你自己探索出改善生活方式和健身的好办法。

[资料来源]百度文库，http://wenku.baidu.com/view/281de26f1eb91a37f1115c66.html.

第二节

采菊东篱下
——健康生活　远离压力

一、保持良好心态

有一句至理名言："态度决定一切。"态度由心而生，即为心态。一个人的心态如何，可以影响他的整个人生。具有良好心态的人，在生活中，面对喜怒哀乐，能够泰然处之、沉着应付，做到宠辱不惊，临危不乱。碰到高兴事时，不会欣喜若狂、手舞足蹈、忘乎所以；遇到烦心事时，不会牢骚满腹、心情沮丧、萎靡不振。

境由心造，只要我们保持良好的心态，就能轻松自在地享受人生的美妙。在现实生活中，具有良好心态的教师，心中总是阳光明媚，总能吸引和感染周围的人，总能发挥、挖掘自己的潜能，激发工作的热情。要想具有良好的心态可以从以下几个方面入手。

（一）积极向上，做一个乐观主义者

乐观主义和悲观主义是两种不同的生活态度。生活中出现了问题，悲观主义者总是责怪自己："我这方面

不行""我总是失败";但是,乐观主义者总会看到好的一面,对自己说:"我在这件事情上学到了经验""以后不会再犯类似的错误了"。乐观主义者认为他的生活在自己的掌控之中,如果事情有了不好的变化,他会及时采取行动,找到解决问题的方法,形成新的解决方案,也会主动寻求不同的建议。而悲观主义者会觉得命运弄人,不能迅速行动,认为什么也解决不了,所以也不会寻求他人的建议。

乐观主义者和悲观主义者对同样的事情,有不同的看法和态度,进而会产生不同的情绪体验及后果。比如在沙漠里,面对同样的半瓶水,悲观主义者会说:"瓶子里只剩下半瓶水了,我肯定走不出沙漠了。"抱着这样的想法,悲观主义者会感觉没有了生的希望,只剩下死的恐惧,必定心灰意冷,不再前行,即使绿洲就在前方不远处,他也不会到达。而乐观主义者会说:"瓶子里还有半瓶水,肯定可以支持我找到绿洲,走出沙漠。"拥有这样的希望和信念,乐观主义者就有了前进的动力,必将继续努力,走出无边的沙漠。可见,乐观的精神有助于使人变得更快乐、更健康、更成功;相反,悲观主义常和情绪低落、孤独、痛苦和害羞相联系,导致人的绝望、疾病和失败。

由此,我们应该用"积极乐观的思维"看待事物,这样就如同我们在身体里注入了预防疾病的疫苗一样,可以帮助我们抵御各种消极情绪和疾病的侵害。

(二)关注光明面,拥有阳光心态

F·斯考特·派克(F. Scott Peck)在《较少走的路》一书中说到,我们要学会承认生活是困难的,有时我们会发现很难继续向前。但是,不要困在这上面,关注黑暗面和一味地自我怜悯只会错过生活中的美好和快乐。有句谚语说的好:"假如我们转身面向阳光,就不会陷在阴影里,我会将阴影留在身后。"

教师要培养自己阳光般的心态,用阳光般的热情去热爱所从事的职业。具有阳光心态的教师,往往能在工作中表现出积极和热情,能在课堂上营造出一种轻松积极、和谐愉快的氛围,学生也就会思维活跃、积极向上,学习效率也会极大地提高。具有阳光心态的教师,能用温暖去化解尘封的冰,用光明去驱散弥漫的阴云,用自身的乐观给学生带去良好的情绪情感体验，带给学生纯美的精神享受，帮助他们发展潜能、完善自我、享受人生并创造人生……

链接

阳光教师之心

1. 让自己拥有一颗平常心：教师的职业特点决定教师要有淡泊名利、超然世俗的情怀。在这个世界上，每个人、每个岗位都有烦恼，教育也不例外。当你被大款鄙视时，当你被家长误解时，当你被学生顶撞时，你无需烦恼。正视自己的不足，正视孩子的缺点，抵制金钱的诱惑，拥有一颗平常心。这正如教育家魏书生所说："埋怨环境不好，常常是自己不好；埋怨别人太狭隘，常常是自己不豁达；埋怨天气太恶劣，常常是我们抵抗力太弱；埋怨学生难教，常常是我们方法太少。"拥有一颗平常心，就是要脱去浮躁和虚荣，选择心境的宁静和单纯，这样才会拥有一种超脱世俗的闲逸和轻松。

2. 让自己拥有一颗爱心："没有爱就没有教育"，而只爱优秀生，不关爱"差生"的偏爱，不是真正的爱学生。教师要把自己的温暖和感情倾注到每一个学生身上。因为每一朵花都美丽，每个孩子都有他的闪光点。当你漠视"差生"时，可能你的教鞭下有瓦特，你的鄙视里有爱因斯坦，你的讽刺中有爱迪生……只要你对学生付出真爱，学生就会回报你尊敬和爱戴。也许是一个肯定的眼神、一个会心的微笑、一句鼓励的话语，却可以拉近心与心之间的距离，当你真正走近学生，学生也会乐于接受你。这样，你的教育自然会收到令人惊喜的效果。

3. 让自己拥有一颗宽容心："人非圣贤，孰能无过。"教师不是圣人，学生也不是。教师要树立"允许学生犯错误的教育观"。用发展的眼光去看待每一位学生。对学生的过错，教师要少一些批评，多一些宽容。宽容不是迁就，而是教师良好的文化涵养的体现，是一种对生命的尊重。

4. 教师要有一颗责任心：教育关系到国家的前途、学生的命运。身为教师要把自己的全部生命灌注到自己的职业中，将自己的职业视为生命信仰，像热爱生命一样去热爱工作，以自信与热爱的状态，尽可能完成教育教学中的各项工作任务，多一些努力，少一些拖沓;多一些勤奋,少一些懒惰;多一些热忱,少一些冷漠;多一些责任,少一些推脱。

5. 教师要有一颗感恩心:生活中,值得我们敬重与感激的人或物很多,感恩是一种达观的人生态度,是知足常乐的心态。作为一名教师,如果能怀着感恩之心去看待学生,你会被学生眼中饱含的渴望和纯真所鼓舞;为学生对你的尊重和认可而感到身心愉悦……你也会发现学生是如此可爱,生活是如此美好。常怀一颗感恩之心的教师,一定是时常面带笑容、挺直腰板、给学生们力量与信心的教师。

[资料来源]缙云教育网站,http://www.zjjyedu.org/n16126c112.aspx.

(三) 从适当的角度看问题,正视压力

现实生活中,每个人对待压力的心理状态各不相同,有的人把压力压在自己肩上,成天心事重重、愁眉不展,很不快乐,而有的人变压力为动力,干起工作劲头十足,工作效率大大提高。面对压力,教师除了要保持乐观积极的心态,还应从适当的角度来看问题,正视眼前的压力。法国作家雨果曾说过:"思想可以使天堂变成地狱,也可以使地狱变成天堂。"我们要认识到危机即是转机,遇到困难,产生压力,一方面可能是自己的能力不足,要把压力应对当成增强自己能力的重要机会;另外一方面也可能是环境或他人的因素,那么则可以通过理性的沟通来解决。如果无法解决,也可宽恕一切,尽量以积极乐观的态度去面对每一件事。

二、养成健康的生活方式

世界卫生组织曾向世界宣布,个人的健康和寿命60%取决于自己,15%取决于遗传,10%取决于社会因素,8%取决于医疗条件,7%取决于气候影响,而在取决于个人的因素中,生活方式是主要的因素。[①] 如果生活方式不健康,机体适应能力将会受到

---

① http://www.haodf.com/zhuanjiaguandian/fwhuangyan_24173.htm.

破坏,从而引起功能失调,进而引起或强化职业压力。因此,养成健康的生活方式,对于预防和减轻教师职业压力带来的心理和生理疾病是十分必要的。养成健康的生活方式应从以下几个方面着手。

(一)调节饮食,均衡营养

影响人健康的因素是多方面的,其中饮食营养是一个重要方面。医学专家认为,营养不足和营养不平衡是导致多种疾病的重要诱因,如糖尿病、高血压病、冠心病、高脂血症、痛风症、癌症等,无不与膳食失调有关。人体所需的营养素有四十多种,要想保持体内营养素全面而均衡,就必须注意平衡膳食。所谓平衡的膳食就是要由各类食物按照合理比例及模式构成,这种膳食所提供的热能和各种营养素,不仅要全面,而且膳食的营养供给与人体的需要之间必须取得平衡,既不过剩也不欠缺,同时各种营养素之间能够保持合适的比例,相互配合而不失调。我国营养学会根据国情,制定了膳食指南,其原则包括:"食物要多样、饥饱要适当、油脂要适量、粗细要搭配、食盐要限量、甜食要少吃、饮酒要节制、三餐要合理。"这些原则如能长期遵守,就一定能达到合理营养的要求。

视窗 9-2

饮食建议

对有胡乱猜疑心理的人的饮食建议:这种人应该多吃蛋类、鱼类、牛肉、猪肉及牛奶制品等高蛋白的食物。坚持每天进食此类食物。

对与周围格格不入的人的饮食建议:少吃盐,多吃鱼类食物特别是生鱼片,还要适量吃其他肉类食物,以及经常吃绿色蔬菜。

对有消极依赖情绪的人的饮食建议:适当节制吃甜食(如蛋糕、甜饮料),多吃富含维生素 B 和含钙高的食物,例如小麦胚芽、大豆制品、猪肉、羊肉以及鱼类。

对有暴躁易怒情绪的人的饮食建议：少吃零食，少摄取盐分和糖分，多吃含维生素 B 丰富的食物（茄子、南瓜、黄花菜、豆芽、香蕉、苹果、玉米、莲藕、蒜、油菜、土豆、鱼类），多吃含钙高的牛奶制品及海鲜。

对有抑郁、恐惧情绪的人的饮食建议：多吃干果和甲壳类动物肉以及柠檬、生菜、土豆、全麦面包、燕麦片。

［资料来源］百度文库，http://course. baidu. com/view/6ff34c88d0d2334b14e6962. html.

（二）作息规律，保证充足的高质量睡眠

我国中医认为，人类健康的原因之一，就是"起居有常"。《内经》说："上古之人，其知道者，……食饮有节，起居有常，不妄作劳，故能形与神俱，而尽终其天年，度百岁乃去""起居无节，故半百而衰也"。有一套符合生理要求的作息制度，有规律起居的良好习惯，是一条重要的健康经验。今天，科学家更加坚信不疑，人体内的各种生理活动都存在着与大自然活动密切相关的生物节律，即"生物钟"，打乱"生物钟"必将导致一系列不良的后果，带来身心压力。因此，我们的生活起居必须"有常"，坚持按时作息，合理地安排起居作息，保持良好的生活习惯，坚持有规律的生活制度，尽量使工作、休息、睡眠等活动保持一定的规律，不违背人体生理的变化规律，并与大自然的活动规律相适应，顺应生物钟的要求。这是保证身心健康、缓解压力的重要保健方法。

睡眠是人生活中的一个重要组成部分。人的一生有三分之一的时间是在睡眠中度过的，好的睡眠对恢复体力、增强智慧、保证健康十分重要。没有睡眠就没有健康，睡眠是机体自我保护的重要生理功能。睡眠不仅能使身体得到休息，恢复体力，还能让大脑得到休息，恢复脑力。睡眠时，植物神经系统能集中精力完成消化吸收、营养和能量的转化储备等工作。某些内分泌功能在深睡时变得更加活跃，如生长激素、松果体素的释放增加等，免疫系统也可以在熟睡中得到强化。通过睡眠，人们能够获得全身心的休息、恢复和调整。科学家认为，如果你希望自己健康，就必须重新估价睡眠对

健康的作用。充足的睡眠可使人暂时遗忘紧张焦虑的情绪,根据心理学的研究:个人在受到挫折时,睡眠即为一种松弛剂。因此,睡眠亦为一种缓解压力的方法。

（三）适量运动，参加休闲活动

"生命在于运动"、"一身动则一身强",这些格言揭示了一条极为重要的规律——动则不衰。劳动、运动和生命息息相关。运动是最可行、最简便的减压方式,运动可纾解人体的肌肉紧张,亦可使个人发泄不良情绪,使精神得以舒展。运动能强身健体、缓解压力这个观点是正确的,但人们在参加体育锻炼时还需要掌握两个要点,即持之以恒和适量运动。中等强度的、有规律的有氧运动可以增强人体的免疫功能;而过量的运动则会削弱免疫功能,破坏身体的防御系统,导致人体抵抗力下降,病毒和细菌可能乘虚而入,以致患病。运动作为一种健身方法,就要讲究科学性。根据各人的不同身体状况、年龄、性别、职业、有无慢性疾病、爱好、生活习惯、经济条件、家庭或社区的健康设施等情况来选择运动项目,制定适合自己的运动方案,才会收到良好的健身效果,达到强身健体、缓解压力的目标。其中比较常见的运动减压的方法有:慢跑、骑自行车、跳绳、长距离游泳、走路等有氧运动,以及太极拳、瑜伽、冥想等。这些方法都能够很好地放松身心,有助于缓解压力,有利于身心健康。

视窗 9-3

冥想

冥想本质上就是一种放松技巧。冥想者会达到一种心理和生理的深度平静和放松的状态,从积累的压力中解脱出来。冥想还被认为能够预防、缓解和降低慢性疾病带来的痛苦,如心脏病、艾滋病以及癌症。通过冥想,人们能够学会更好地忍受日常的烦恼。对绝大多数人来说,每天 15 分钟就能够从冥想中获益。冥想通常需要通过 4 个步骤来实现。

（1）首先找一个安静的地方,尽量减少可能分心的事物;

（2）闭上眼睛,这样你就能将自己与外界隔离开来;

（3）选择一个重复发音比较平滑的词；

（4）将全部注意力集中在这个单词上，反复重复这个词。

［资料来源］全球医院网，http://xl.qqyy.com/article/110329/23alb.html.

　　除了适度运动，教师多参加一些休闲活动也是良好的减压方法。心理学家最早提出对幸福感产生影响的十种休闲方式：看电视、听音乐或收音机、阅读与学习、业余爱好、社交活动、积极的运动和锻炼、观赏运动、宗教、义务劳动、旅游。心理学家将购物也列为休闲方式。由于休闲是人们可以自由选择的事情，而人们往往选择他们喜欢做的事情，因此，休闲会给人们的生活和健康带来好处，这是毫无疑问的。

（四）重视生活节奏，适时放慢脚步

　　教师的工作节奏如上阵的鼓点，急促而汹涌，有时催人奋进，有时令人心烦。快节奏的生活给教师带来了许多职业病，有 60% 的人处于亚健康状态，有 34% 的人心理有疾病。君不见路上行色匆匆，上班忙忙碌碌，铃声一响夹包就走，一刻也不停留。如此的穿梭忙碌，消弭了教师本该平静的心绪。教育是育人的工作，不是疾风暴雨的革命，它需要环境的熏陶，需要雨露的滋润，"润物细无声"才是最高境界。"慢生活"是一种生活态度，是一种健康的心态，是一种对人生的高度自信。"慢生活家"卡尔·霍诺指出，"慢生活"不是支持懒惰，放慢速度不是拖延时间，而是让人们在生活中找到平衡。工作重要，但闲暇也不能丢。社会需要慢生活，我们教师更需要慢生活。只有在心素似简、人淡如菊的心境下，我们才能找到真实的自我，以真实的自我去关怀人性，我们的教育才能充满灵性。

三、进行有效的时间管理

　　我们可能都有过这种感受，当很多事情都堆在面前时，我们会懊恼不已，甚至想要

放弃。当我们无法控制工作环境的各种变化需求时，如果能合理安排工作时间，将会有助于提高自己的工作效率以及避免各种问题的发生，进而缓解自己的时间压力，降低自己的压力水平。因此，进行有效的时间管理，对于教师减轻工作带来的压力是十分必要的。

（一）目标设定与时间管理

你是否觉得白天没有足够的时间做你需要做的事情？你是否觉得要用晚上几个小时的时间完成白天的事情？大多数人都觉得时间不够用，我们应该使用更多的时间。但不幸的是，我们不能给每一天增加更多的小时，也不能给我们的生活增加更多的天数，我们能做的就是做好时间管理。

时间管理的第一个步骤就是为你的工作设定目标，对工作有一系列清晰的目标可以帮助我们减小压力，因为它提供了工作的结构和目的，它也是计划和使用时间的根本。有了明确的工作目标，我们就会根据目标进行合理的时间规划，把精力集中在最重要的事情上，而不会把精力浪费在不重要的事情上。目标还可以引发你对工作强烈的自我驱动力量，使你自动自觉地、高效率地完成自己的工作。只要按照规划进行工作，就能完成制定的目标，工作压力自然就会减少。

那么我们又该如何设定目标呢？设定目标的 SMART 原则可以给我们一些启示。SMART 是五个单词首字母组成的，这五个单词各代表了一种原则，他们分别是：Specific(具体的)，目标要具体；Measurable（可以衡量的），目标必须是可衡量的；Attainment(可以达到的)，目标是可能实现的；Reasonable（合理的），目标是切合实际的；Time-bound(有时限性的)，一定要设定时间限制。[1]

---

[1] http://q. sohu. com/forum/20/topic/49108665.

（二）评估你对时间的使用

一旦弄清楚了工作目标并确定这是值得花时间去做的事情，我们就应该精确地评估自己的时间运用效率。你需要看一下最近几周的时间表，对怎样使用时间有一个大概的把握。评估一下时间表中哪些是没有被有效利用的，哪些事情需要做但是却没有做好，是不是时间运用很混乱，以致没有留出一点个人时间。这里要注意的是，评估中最重要的是你时间的使用是有助于你的目标实现，还是与你的目标相矛盾。

视窗 9-4

为了确切了解自己掌握时间管理艺术的程度，可以采用时间管理学者麦克尔·李宝夫新设计的测验方法。以下 10 个问题代表一般人时间管理的准则，请据实选择切合你行动的四个答案中的一个：

A. 几乎从未如此。

B. 有时如此。

C. 大部分时候如此。

D. 几乎经常如此。

1. 我每天保留少量的时间做计划，并思考与我的工作有关的问题。

2. 我为自己制定确切的书面目标，并明确规定完成目标的期限。

3. 我为自己拟定"每日工作计划表"，表中各个事项依据其重要程度按次序编排，我试图尽快做完重要工作。

4. 我了解 80/20 原理，并作为办事的依据（所谓 80/20 原理，是指在一群事物中属于"重要少数"的只占 20%，而属于"琐碎多数"的则占 80%）。

5. 我对自己的作息时间作了宽松的安排，使自己拥有时间来应付突然的意外事件。

6. 我在富有效率的最佳时间内做重要的工作，而在低效率的时间做一般性的工作。

7. 我能自觉地把不同类型的零碎时间进行充分的利用。

8. 我非常注意人际交往，并注意取得他人的帮助，从而使自己的时间增值。

9. 我积极地设法避免常见的"干扰"（如访客、会议、电话等），不让它妨碍我每天的工作。

10. 我能够拒绝那些占用我时间并妨碍我完成重要工作的他人的嘱托。

测试分析：

麦克尔·李宝夫时间管理测验的评分标准是：每一个"几乎从未如此"，给 0 分；每一个"有时如此"，给 1 分；每一个"大部分时候如此"，给 2 分；每一个"几乎经常如此"，给 3 分。按以上评分标准，将测验成绩计算出总分。

麦克尔·李宝夫还对测验的结果做了如下的注释：0 分≤总分＜15 分，表示不善于时间管理；15 分≤总分＜20 分，表示时间管理技能尚佳，但仍有改进的余地；20 分≤总分＜25 分，表示善于时间管理；25 分≤总分＜28 分，表示时间管理艺术卓越；28 分≤总分＜30 分，表示自欺欺人。

［资料来源］易文网，http://www.ewen.cc/qikan/bkview.asp? bkid＝38052&cid＝66298。

（三）使时间变得有效，改变拖沓

我们可以通过少浪费时间来节约时间，而不管我们从事的是哪种类型的工作，拖沓是目前为止最浪费时间的，教师职业更是如此。回答下面的问题，如果你回答一个或更多的"是"，那你就是一个拖沓的人。

- 直到最后一分钟，你都想要离开这个令人不愉快的工作吗？
- 如果你推迟某些任务，你是否希望任务都消失或者其他人会做？
- 你是否曾经想过，如果有更多的时间，你会把工作做得更好？
- 当没能按时完成工作的时候，你是否责怪过其他人？
- 你是否在给自己定了一个不现实的、肯定没有办法按时完成的任务？
- 你有没有让自己超负荷，然后抱怨要干的活太多了？
- 你是否在没有按时完成任务时，用尽了所有的借口和托词？

为了去除拖沓的习惯，我们需要更高效的时间管理。我们可以采取以下策略来帮助我们改变拖沓：(1)不要预定太多目标。当我们用超负荷的工作计划作为借口来避免某项任务的时候,需要减少在学校里和工作上不重要的责任。(2)给自己更多的时间。不要再拿时间少作为借口,给自己比当前计划多出50%的时间来完成较大的任务,用比较少的时间来做效率比较低的事情。(3)先完成比较困难的任务。我们可以先明确哪些任务是较重要的或者完成起来具有一定困难的,先完成他们,再加快或者简化剩余工作任务以节约时间,提高效率。(4)奖励自己。为自己设立一个奖励系统,为自己的努力而奖励自己。奖励要与任务相匹配,小的奖励给小的任务,大的奖励给较困难的任务,而且最好让奖励与自己的兴趣相匹配,这样激励作用更强。

（四）时间管理四象限

时间管理"四象限"法是美国的管理学家科维提出的一个时间管理的理论,他把工作按照重要性和紧急性两个不同的程度进行了划分,基本上可以分为四个"象限":既紧急又重要、重要但不紧急、紧急但不重要、既不紧急也不重要。按处理顺序划分:先是既紧急又重要的,接着是重要但不紧急的,再到紧急但不重要的,最后才是既不紧急也不重要的。"四象限"法的关键在于第二和第三类的顺序问题,必须非常小心地区分,不能在那些紧急但不重要的事情上浪费太多时间,一定要有计划地去处理那些重要而不太紧急的事情,不能等到原本重要而不紧急的事情变得十分紧急时再处理,这样必然会给自己带来很大的心理压力。另外,也要注意划分好第一和第三类事,都是紧急的,区别就在于前者能带来价值,实现某种重要目标,而后者不能。最后,不能浪费丝毫时间在那些既不重要又不紧急的事情上,处理这类事情最好的方法就是忽略它。

第一象限:紧急又重要的事 必须做	第二象限:重要但不紧急的事 应该做
第三象限:紧急但不重要的事 可以做(亦可分派)	第四象限:不紧急又不重要的事 何必做

视窗 9-5

时间管理的十一条金律

金律一：要和你的价值观相吻合。你一定要确立个人的价值观，假如价值观不明确，你就很难知道什么对你最重要，当你价值观不明确时，时间分配一定不好。时间管理的重点不在于管理时间，而在于如何分配时间。你永远没有时间做每件事，但你永远有时间做对你来说最重要的事。

金律二：设立明确的目标。成功等于目标，时间管理的目的是让你在最短时间内实现更多你想要实现的目标；你必须把今年度的 4 到 10 个目标写出来，找出一个核心目标，并依次排列重要性，然后依照你的目标设定一些详细的计划，你的关键就是依照计划进行。

金律三：改变你的想法。美国心理学之父威廉·詹姆士对时间行为学的研究发现两种对待时间的态度："这件工作必须完成，但它实在讨厌，所以我能拖便尽量拖"和"这不是件令人愉快的工作，但它必须完成，所以我得马上动手，好让自己能早些摆脱它"。当你有了动机，迅速踏出第一步是很重要的。不要想立刻推翻自己的整个习惯，只需强迫自己现在就去做你所拖延的某件事。从明早开始，每天都从你的任务单中选出最不想做的事情先做。

金律四：遵循 20 比 80 定律。生活中肯定会有一些突发和迫不及待要解决的问题，如果你发现自己天天都在处理这些事情，那表示你的时间管理并不理想。成功者花最多时间在做最重要的事，而不是最紧急的事情上，然而一般人都是做紧急但不重要的事。

金律五：安排"不被干扰"时间。每天至少要有半小时到一小时的"不被干扰"时间。假如你能有一个小时完全不受任何人干扰，把自己关在自己的空间里面思考或者工作，这一个小时可以抵过你一天的工作效率，甚至有时候这一小时比你三天工作的效率还要好。

金律六：严格规定完成期限。帕金森（Noarthcote Parkinson）在其所著的《帕金森法则》（*Parkinsons Law*）中，写下这段话："你有多少时间完成工作，工作就会自动变成需要那么多时间。"如果你有一整天的时间可以做某项工作，你就会花一天的时间去做它。而如果你只有一小时的时间可以做这项工作，你就会更迅速有效地在一小时内做完它。

金律七：做好时间日志。你花了多少时间在做哪些事情，把它详细地记录下来，早上出门（包括洗漱、换衣、早餐等）花了多少时间，搭车花了多少时间，出去拜访客户花了多少时间……把每天花的时间一一记录下来，你会清晰地发现浪费了哪些时间。这和记账是一个道理。当你找到浪费时间的根源，你才有办法改变。

金律八:理解时间大于金钱。用你的金钱去换取别人的成功经验,一定要抓住一切机会向顶尖人士学习。仔细选择你接触的对象,因为这会节省你很多时间。假设与一个成功者在一起,他花了40年时间成功,你跟10个这样的人交往,你不是就浓缩了400年的经验?

金律九:学会列清单。把自己要做的每一件事情都写下来,这样做首先能让你随时都明确自己手头上的任务。不要轻信自己可以用脑子把每件事情都记住,而当你看到自己长长的list时,也会产生紧迫感。

金律十:同一类的事情最好一次把它做完。假如你在做纸上作业,那段时间都做纸上作业;假如你是在思考,用一段时间只作思考;打电话的话,最好把电话累积到某一时间一次把它打完。当你重复做一件事情时,你会熟能生巧,效率一定会提高。

金律十一:每1分钟每1秒做最有效率的事情。你必须思考一下要做好一份工作,到底哪几件事情是对你最有效率的,列下来,分配时间把它做好。

[资料来源]百度文库,http://wenku.baidu.com/view/47ff9f18a76e58fafab00308.html.

第三编

实战

第十章
兵来将挡，水来土掩
——高中教师高考压力解析

　　《中国青年报》报道称，每到高考，一些佛教名山便会迎来一拨又一拨的高三老师。他们并非游山玩水，而是带着特殊的使命，带着学校的重托，专程来烧香拜佛求神仙菩萨保佑，祈祷学生能考出好成绩，学校和老师也能因此获得好"收成"。① 高考的巨大压力居然把讲台上大讲科学、讲唯物主义的教师逼成善男信女，这是一幅多么滑稽、怪诞的图景！教师拜佛折射出人性的无奈和悲哀。在高考体制下，成绩横行天下，成绩就是功劳，成绩就是牌坊，成绩就是政绩，成绩就是利益，成绩就是命根！高考面前承担巨大压力的不仅是学生及家长，作为高中教师的责任更是"重如泰山"，这令高中教师不堪重负。本章在分析高考压力现状的基础上，着力帮助高中教师运用科学、理性、有效的方法缓解压力，使自己始终保持正确的人生观和积极的心理状态。

---

① 童大焕:《高考压力下的"烧香拜佛"》,http://tdh318. blog. sohu. com/117825013. html.

第一节

雄关漫道真如铁
——高考与教师压力

一、直击高考

高考是指高等学校的招生考试,是国家最重要的考试之一,是国家选拔人才的主要渠道和手段。现阶段,人们对高考的关注已经到了无以复加的程度。之所以如此,从现实角度而言,我国作为世界上人口最多的国家,就业和教育是最大的民生问题。人们如此关注高考,因为高考不只是一个简单的人才选拔制度,高考的成绩更是与切身利益息息相关。当前我国城市化进程不断加快,社会经济组织日益多元化,但自主创业的社会条件还不成熟,社会人才金字塔结构分布状况没有发生根本改变,仍然只沿用高考一种标准来衡量和培养各种社会亟需的人才,造成了人才竞争形式的过度同质。社会人事制度以文凭为本,学校就以考试为本,评价就以分数为本,学生和老师也就只能以应试为本,社会上的就业竞争最终转化为学历的竞争。人才通向社会的渠道过于单一,实现梦想的唯一途径就是上最好的名牌大学。千军万马都得过高考这座独木桥,于是高考成为了社会舆论关注的焦点。

为了改变这一现状,30多年来,我国的高考改革一直在进行,政府出台了各种法律法规和政策措施来改变教育单一化的结构,尽量使越来越多的人有机会接受高等教育,实现教育形式和途径的多样化,这样的探索从未停止过。从标准化考试试验,到试行保送生制度;从高校招生计划并轨,到高校扩招;从强调考试能力的"3＋X",到北京、安徽春季高考;从高校自主招生,到部分省市自行命题等等。特别是近年来实行的招生"阳光工程",国家启动考试立法,改革更是朝向纵深迈进。近几年高校扩招,高考录取率大幅度提升,考生上大学的机会明显增多,但社会上反映出来的高考压力并未减轻,反而愈演愈烈。"只要有选拔,就会有竞争",老百姓的观念从"有学上"转为"上好学"。这种现象背后,实际上是选择优质高校资源的竞争。对于广大底层老百姓,特别是被户口身份制固化的农家子弟来说,更是改变人生命运和关乎幸福生活的最重要甚至是唯一的途径。根本原因在于,以重点学校为代表的精英教育模式已经成为主流价值观,好中学——好大学——好前途的既定路径成为孩子们的唯一选择。受教育的过程成为一种标准的"金字塔"结构:以普通学校为塔基,展开层层竞争,少数人最终到达塔尖,其余被淘汰。这实际上是以升学教育为目标,选拔和培养少数"尖子"的精英教育过程。

链接

高考面面观:考生家长急拜孔圣人

70年代不到5毛钱　35年来上升数万倍

网友指出,迄今为止,高考已从"一个人的战斗"转变为"全民的斗争",从"一次升学考试"演变成全民的消费,形成一个产业链,包括家教、补习班、保健品、营养餐、学区房、高考移民代理、高考房以及考后的庆功宴、谢师宴等。当孩子的高考和家庭前途、家族命运绑在一起时,考试就和各种利益群体、社会机构绑在一起,"逼得家长们像鲁迅笔下捐门槛的祥林嫂,虽然备受搜刮,却也心安理得,只要对孩子高考有好处,再贵也值"。

家长花 1800 元请状元符　国子监大热

高考临近，"孔子也很忙"。各地考生和家长纷纷祈福、减压。北京不少考生及家长一起来到国子监，祭拜孔子像，有家长甚至花重金为孩子"求符"祈福。状元符、祈福牌在孔子像西侧博士厅的偏厅售卖，系着如意结的朱红色木牌在展台上摆了一圈。"每块赠送玉牌和一炷香，"工作人员指着展柜上的两个标签介绍，"这些都是要诚心请的。"她强调说，最近来请状元符的人很多，都是为自己的孩子或亲戚朋友的孩子"请的"。

[资料来源]今晚网，http://culture.jwb.com.cn/art/2012/6/7/art_906_1038262.html.

人们对待教育的功利主义态度也助长了这样的趋势。当前，功利主义渗透到了教育的各个角落，拜金主义、拜权主义、分数挂帅、文凭至上，科研中的急功近利、短期行为、学术腐败等等都是功利主义的典型表现。功利主义的特点就是只重文凭，忽视水平；只要结果，不要过程；只重眼前，不顾长远；只重成才，不重成人。学生也只把教育看作是改变自己命运的唯一手段，学校和家长加班加点，拔苗助长，让学生参加各种补习班、特长班，只为了争夺稀缺优质教育资源，其结果加剧了教育竞争。

二、高考与高中教师压力

在我国现有的教育体制下，高考成为人生首要的转折点，它决定着一个人将来的社会角色、地位高低。高考被人们提升到了令人难以置信的地步，高考成绩承载着家长的希望；教师水平的高低，牵动着学生的神经；学校的升学率，吸引着社会和媒体的眼球。

高考关系着每一个考生的前途，牵动着千家万户的心，作为基础教育的最后出口，它是一个地区、一所学校教育水平的重要标志。高考不但是考学生，也是考家长、考学校、考教师。一锤定音的高考制度给学校造成了严峻的压力，学校又把这种压力传递给教师。一组高考数据，背后却饱含着多少家长、学校与教师的辛楚。社会各界、教育部门、学校……高考成绩的压力呈金字塔状层层下传,而处在金字塔最底端的是教师,他们成为层层压力的最终背负者。对于学生,十年寒窗苦,考上大学就得以解放,而对于高中教师,日复一日,年复一年,如同西西弗斯脚下的巨石,这种煎熬与压力不断循环往复……

在当前教改的热潮中,教师责无旁贷地担当起教改的试验者,心理上要承受很大的冲击。教师的教学水平是社会关注的重点,是影响学生成绩好坏的晴雨表。由于教师职业本身的特点,在教育别人的同时自身也要不断充电,以适应瞬息万变的社会,如职称评定、评优选模、人际交往等。因此,教师既要承受来自教育教学方面的压力,还要面对其他外界意想不到的压力。无论学校还是家长,对于高中教师教学能力的评价都几乎只有一条"铁"的尺度——高考升学率。这是一个现实利益超过一切的社会,学生的高考成绩决定的不仅是学生的命运,还有教师和学校的命运。高考成绩的名次不仅"排"出了学生的优劣,也"排"出了教师的工作态度与教学水平。校方根据学生的考试成绩及排名情况来给教师发放奖金,并将之作为评聘职称的依据,家长和学生也"自觉"地将学生成绩作为评判教师教学能力的唯一准绳。更为重要的是,作为教师,他们无法在社会各界的批评和学校、家长监督的多重压力下找到一条自由畅通的道路,陷入对自身职业的认知困惑和对自身职业能力评价双重标准的困境之中。

链接

高考的压力有多大:老师服毒自杀给出了答案

福音时报报道(2012 年 5 月 27 日):河北馆陶县某中学的一位高三老师在其办公室服毒自杀,留遗书称:"活着实在太累了,天天这样无休止的上班让人窒息,所领的工资只能月光。我决定以这样的方式离开这里,我并不恨这个地方,毕竟是我自己选择来到了这里。现在唯一放不下的就是我儿子以后怎么活,仅希望学校能帮我照顾一下他们母子。赵鹏2012 年 4 月 27 日晚。"

这位带着五六十位高三学生正在为 38 天之后的高考做最后冲刺的赵老师,忽然以这样的方式离开了这个对他来说可能还满怀眷恋的世界,令人闻之感慨不已。但也从另一个侧面在无声地告诉世人一个事实：高考的压力正在影响着整个中国。

[资料来源]福音时报，http://www.gospeltimes.cn/news/2012_05_28/20164.htm.

在谈及高考压力时，我们通常只是关注学生群体，然而这一案件却令我们不得不把目光聚焦在教师身上，赵老师的悲剧警醒我们，高考面前，教师的压力丝毫不亚于学生的压力，应当在关注学生的同时，积极关注教师，采取有效的措施帮助他们缓解巨大的压力，这不仅有助于教师的身心健康，同时对缓解学生压力、提高学生的高考水平也具有积极意义。

第二节

"铁"肩担道义
——高中教师高考压力的缓解

高考作为全社会关注的焦点事件,无论对学生还是对教师来说,都是其前行道路上的一道屏障、一座高峰。走在这条路上的人只能选择前进,不能退缩,也无法绕行,高考压力已经成为高中教师的最大压力源。既然是一种使命,是一种责任,是绕不开的挑战,作为高中教师,只能直面压力,自我调整,强大内心,壮大自我,努力打赢这一场场没有硝烟的战争!那么,哪些策略与方法能够帮我们增加胜利的可能性呢?

一、改变认知,理性对待

(一)不抱怨,反向心理

面对压力,适当"抱怨"一下,发发小牢骚,吐吐苦水,有助于宣泄压力,但过多的抱怨容易让人们沉溺于负性事件不能自拔,当人们面对困境、情绪懊丧时,不妨换个角度,运用反向心理调节,从不幸中挖掘有幸,使情绪由"山穷水尽"转向"柳暗花明"。

高考对学生来讲,只是一次性的战役,而对于教师来说，却是一场接一场的持久战。学生被送走一批，又来一批，真正是"路漫漫其修远"！如果一味地将高考看作需要隐忍攀登的险峰，那么，我们的生活将会布满荆棘，处处充满着艰难险阻。对教师来说，那将是经年不息的伤痛，成天提心吊胆，生活暗无天日。人活一种心情！不妨换个角度来看待这三年一次的高考，将它看作是自己事业征途上一座又一座的里程碑，一次次需要用心实现的目标，而不是高不可攀的峭壁、深不可测的悬崖。不要计较功利得失，只求尽心就好。

（二）有压力不见得是坏事

世界上不存在任何没有压力的环境，要求生活中没有压力，就好比幻想在没有摩擦力的地面上行走一样。生活本身就是由一串串压力构成的。压力具有两重性。老子说"祸兮，福之所倚；福兮，祸之所伏"，很难定性压力的好坏，关键在于怎样对待压力。没有压力就没有动力，适度的压力可以调动人体内部的潜力，使人把事情做得更快、更好。加拿大研究压力与人类身心健康的医学教授塞勒博士说过："压力是人生的香料。"很多人都有这样的感觉：适度的压力使自我保持最佳的精神状态，思维更加敏锐，反应更快；而只有压力过大，持续时间过长时，才会伤害身体，使人萎靡不振，影响工作和生活。因此，人们应该转换认识，多去开发压力的有利方面。

适度的职业压力不仅是必要的，而且能够扩展职业发展的空间。高考给各科老师设置的压力也会成为老师们在教学工作中积极探索、努力前进的动力。一种新的教学设计的实施，新的教学方法的运用，每一步改进之后换得的胜利和收获将是老师一次次自我能力的实现和自我价值的体现。面对高考带来的压力，老师们要找好自己的最佳定位，在工作中不断为自己设定目标，将压力调整到一个适度的水平，如此，工作才会更有成效，更有可能达到自我控制和自我指导的目的。

（三）“退一步”海阔天空

雨果说过：生活就是知道自己的价值，自己所能做到的和自己所应该做到的。欲望是无止境的，然而世界上的一切事情都不可能尽善尽美。因此，不要太苛求，应该调整自己的生活目标，客观地评价事物、评价自己。在积极向上、努力进取的同时，拥有一颗坦然面对成功与失败的平常心，才能使自己心情舒畅。对于高中教师而言，面对高考，不要给自己设定过高的目标，不要一味跟别人比较，尽心尽力就好。当经过精心而艰苦的努力没有达到预设的目标时，你应该清醒地认识到，事情的成功与否是多种因素使然，要学会坦然接受，顺其自然，与其怨天尤人，不如及时总结经验教训，重新启程！过分的争强好胜只会迷失自己，终究会被压力击垮。

二、积极应对

既然压力是客观存在不可避免的，就要做好接受压力的思想准备。面对压力，人们往往有两种选择：一是积极应对，二是消极逃避。选择后者，尽管可以暂时缓减心理压力，但却为以后的工作和生活重新设置了潜在的障碍，障碍的累积势必造成更大的压力，使自身陷入压力的恶性循环中。因此，唯有积极应对才是上策。对待压力的最高境界不是减少压力，而是化压力为动力。世界超级小提琴家帕格尼尼，就是一个面对无奈永远积极进取的人。在一般人看来，他可能是一个一生都倒霉透顶的人：1岁时险些死于猩红热；4岁时一场麻疹，又让他险些进了棺材；13岁时患上了严重的肺炎；46岁时突然长满脓疮，只好拔掉几乎所有的牙齿；牙病初愈，又染上了严重的眼疾，幼小的儿子成了他的“拐杖”；50岁后，关节炎、肠道炎、喉癌等疾病不断向他袭来；后来，他的声带也坏了，几乎成了哑巴；58岁就吐血而亡。可就是这个经常为身体不好感到无奈的人，凭着自己的刻苦努力，3岁学琴，8岁时就创作了第一首小提琴奏鸣曲，9岁入市立歌剧院的管弦乐团，11岁登台演奏自己创作的《变奏曲》，一举成功。他把苦难与成才这两项生活的馈赠，用自己的琴弦演奏到了极致。那么，面对不可逃避的压力，如何积极应对呢？

（一）认识自我，建立自信

老子说"自知者明"。苏格拉底也曾说过："人，认识你自己。"人要对自己有较为明确的自我意识，知道自己的优缺点，知道能做什么，不能做什么。此外，在认识自己的基础上要建立自我认同感，喜欢自己，悦纳自己，包括自己的外貌、身体、身世、个人能力等。对自己要有恰当的期望值，要确立符合实际且经过努力能够实现的目标。

在正确自我认识的基础上要努力培养自信心。莎士比亚说过："自信是走向成功的第一步，缺乏自信是失败的主要原因。"相信自己是最好的、最可以依赖的，树立顽强的自信心。积极正视和勇敢面对自己遇到的困难、压力和挫折。很多时候，教师需要通过自我控制、自我安慰、自我激励和积极的心理暗示来不断挖掘自己的潜能，培养并有效展示自己的优势，唯有如此，方能走出一条属于自己的道路。积极的暗示能增强人的信心。因此，要根据自己的情况运用积极的暗示进行心理调适，强化信心。积极的心理暗示需要经常进行，最好变成每天生活中的一个部分。尝试着"假装"对工作充满热情和兴趣，微笑面对每一件事情。每个教师都要树立这样的观念：你所承担的任务或从事的工作，在你的心目中一定是最为重要的。

（二）目标定位适当

目标定位过高会使人因难以达到目标而徒增焦虑，目标定位太低又会影响实际潜能的发挥。因此，要根据自己的实力状况实事求是地确立自己的目标。对自己和别人的期望值要现实些，使之切实可行。各个地区、各所学校都有各自的发展现状，生源不同、经济发展水平不同所决定的教育教学水平也各不一样。因此不要对自己的学校和学生求全责备，也不必给自己定下过高的目标，应该结合自身情况，进行客观的定位，这样才更能享受成功的喜悦。只要我们不断地积极努力，就必然会取得理想的成绩。

此外，面对高考及其所带来的附加利益，教师要更加注意淡化名利，注重过程，建立合理、客观的自我期望值。人无奢望心自静。保持平常心是教师保持身体健康的良药。例如，对待学历、职称、职务乃至人生，高中教师都应该多注重努力的过程而相对淡化最终的结果。合适的目标定位需注意两点：一是你的奋斗目标要合理；二是做事可以往最坏处着想，而在行动中朝最好处努力。

（三）自我修行，艺高人轻松

努力工作，首先要悦纳自己的职业，发现并经常保持良好的职业体验。在工作中要敬业爱生，精业创新，不断挑战自我，善德修身，思学终生。

其次，教师要不断更新自己的知识结构。只有不断完善自我，提升自己的竞争力，才能使职业生命长久不衰。从职业发展的角度来看，只有通过学习、进修，不断提高自己的工作能力，提升自己的专业素质，才能真正提高应对压力的能力，以减轻心理压力所带来的不良反应。高中教师除了要不断提升并更新自己的学科知识结构之外，还要不断改进自己的教学策略和手段，提升自己的实际教学能力及教学管理能力，如此，才能在高压面前做到得心应手，游刃有余。

此外，生理健康是心理健康的物质基础。高考考验的不仅是教师的"心力"，同样也是"体力"。因此，教师要注意加强身体锻炼，确保身体健康。为此，才能"铁"肩担道义，承担起高考的巨大压力。

最后，教师还要不断完善自己的德性修养，讲仁爱、讲道德、炼教养，一生都要求真、求善、求美。要经常反思自己、注重内省、总结得失。追求终生学习，提高自身，体验读书之乐、学习之乐、思考之乐。

（四）让生活充满秩序，学会休闲

对高中教师来说，每天下班前整理好办公桌，定期清理电脑中的文件和电子邮件都是必要的减压小招数。教师要学会生活，要有自己的情趣和爱好，做一个懂得爱和被爱的人，会开玩笑，有幽默感。千万不要小看家庭生活，一个从容的早晨、一顿丰盛的早餐也许就决定了你一天的心情和工作效率。

适时放松。每个人在工作之后都需要放松，如听音乐、洗热水澡、看喜剧片、充足地睡眠等。在家里开辟出一片不受打扰的小天地，每天静待一刻钟，想着积极的、开心的事情。科学地安排时间，尽量减少工作量。生活要有规律，每天坚持锻炼或从事一种体育活动，时间不少于半小时，以健康的体魄来对抗压力。

用休闲来愉悦心情。在正常工作八小时之外，老师们要学会适当休闲，比如去参加一些文体活动。好静之人可以试试静心钓鱼；好动之人参加一些劳其肢体的活动；好思考之人则去观观社会百态；而好吃之人不妨亲自下厨，做一顿美餐。其实，即使在日常工作的八小时之内，老师们也可以忙中偷闲地哼哼歌曲、侃侃闲情。

（五）乐交善往，人我和谐

和谐是第一位的。与人和谐、人我和谐才能使自己很好地生存于团体中而不孤独。与人交好，能积极主动地融于大众之中，与别人交流沟通无障碍。善交知己，有朋友，心地善良，能与人合作共事。不管一个人多么优秀，缺少与别人的交流，往往是压力的潜在来源。领导之间少了交流会使决策缺乏准确依据；夫妻之间少了交流，感情可能会滑向边际；师生之间少了交流，教学无法相长；上下级之间少了交流，政令则无法畅通实施。有了情绪的郁结，憋在心里，经常处于紧张状态，累加起来，可能会吞噬掉健康的肌体。

和谐首先要从家开始。温暖舒心的家是每个人休憩身心、减除疲劳的最佳场所。

高中教师工作量大，劳动强度大，要承受的心理压力很大。因此，要用心、用爱来经营自己的家庭，建立一个温馨的避风港。

乐善交往，与不同年龄段的人交好。心理学家研究显示，忘年交可以颐和养神。在事业上，这些忘年交与你年龄相差甚远，所以不存在工作之争，也不会存在彼此防备。同年轻的忘年交在一起能被他们年轻、进取的活力和乐于接受新事物的气息感染，使自己也变得年轻，紧跟时代的步伐；年长的忘年交有丰富的经验和人生阅历，与他们常往来，可使自己成长的周期缩短些，少走弯路，变得更加成熟。所谓"听君一席话，胜读十年书"，说的就是这个道理。

三、解压有道

（一）压力分解，各个击破

压力突然来临使你感到措手不及时，与其抱怨、焦虑、烦闷，不如沉下心来，对面临的压力进行分析，你会发现，压力可以分解，逐步解决。首先将自己面临的压力一一列出，按照事情的轻重缓急进行分类；然后规划好自己的时间，统筹安排，给自己定一个切实可行的目标，确定这段时间要做什么，下一阶段做什么，第一步要达到什么目标，第二步准备怎样做，最终的目标又是怎样的。如此，纷繁复杂看似千头万绪的压力其实可以一一化解，各个击破！

（二）学会宣泄

教师心理压力过大时，适当地宣泄和抒发也不失为一种好办法。此时的交流可以超出人的范围，可以同自然对话，也可以对着宠物诉说，还可以通过欣赏艺术品或无拘束地吟咏词章去抒发。教师要避免不适合的宣泄行为，如抽烟、酗酒、滥用药物或涉足不良场所。正当的宣泄方式有：找朋友聊聊天，享受交友的乐趣；做有趣的运动，让身体活动活动；读小说、听音乐、看影视，转移注意力；找适当的场合大声喊叫或痛哭一场，把感情释放出来。这样会使自己觉得心平气和，压力也会一扫而光。

用汗水冲刷压力。 有压力了，不妨把工作放放，去操场打一场篮球，踢一会儿足球，或玩玩羽毛球、打打乒乓球，和学生一起感受游戏和运动的快乐。运动后，和煦的阳光照在身上，很温暖、很舒服。汗水带来的解脱和快乐会彻底冲刷掉你心中的压力。

用友情冲淡压力。 取出珍藏的毕业留言册，重温一下昔日老师和同学的祝福，想想当年快乐的时光……这些愉快的回忆会使眼前的压力变淡。给好友打个电话，聊聊天，或约朋友出来坐坐，喝杯茶，谈谈心。淡淡的茶香加浓浓的友情，也会冲淡工作中的压力。

用童心冲掉压力。 把童年的照片、日记通通找出来，回忆每一张照片背后的故事，回味童年的快乐时光，和孩子一起分享，或重温童年的游戏，那种单纯快乐、无忧无虑的童年生活能够帮助你暂时忘掉生活的压力。

用勇气冲击压力。 翻出自己在不同时期、不同领域获得的奖励证书，回想自己曾经的辉煌，回忆一下昨天的奋斗历程，你就会觉得勇气倍增，就会觉得困难并不是坚不可摧的。有了挑战的勇气，压力就会被自己赶跑。

与日记相伴。 日记是一种自我交流的方式，也是一种理想的解压方法。日记的记载不需要文法正确或用辞优美，日记不过是让你头脑中那些纠缠的事情有一个释放出口。当那些纠结的烦心事被记下来，写在纸上的时候，压力与不开心也正慢慢从大脑中清除。美国南公理堂大学心理学博士詹姆士进行了一项独特的研究：他让参加实验的人连续写一周日记，记下自己的情绪影响和重要事项。结果，这些人在写日记的两个月期间，看医生的次数减少了一半。据詹姆士的调查，这些写日记的人免疫功能增强了。常写日记，把它当成自己最无私、最可信的朋友，你思想的天地自然显得高远，放飞情感的空间将会更宽广。

此外，要建立自己的心理支撑系统，包括家人、朋友以及心理咨询专家等。在郁闷难以排解的时候，向他们"诉苦"，寻求心理帮助。

（三）逃避一下又何妨

精神长期的高度紧张会使人身心失衡,陷入情绪的恶性循环中。当压力来袭、筋疲力尽、工作效率下降的时候,再伏案硬拼下去也无多大增益,干脆把所有的工作暂时放一边,暂时抛开一切,放飞自己。听听歌,选上几首自己喜爱的歌曲,闭上眼睛,戴上耳机,让自己融化在那动人的旋律里;看看球,CBA、NBA、欧洲五大联赛都可以,让自己痴狂于激情澎湃的比赛;上上网,看上几部电影,或者找几个Q友漫谈,感受一下网络世界的奇迹;甚至干脆远足到大自然中,让自然的博大、清新、睿智接纳你的疲惫,抚慰你受伤的心灵,释放你的重负。如此种种,你会惊奇地发现,原来压力并不能压垮你!

适当的逃避,给自己一个缓冲的时机。这时你会发现,生活的意义原本并非那么局限,还有很多美好的东西等待我们去开发、去领略。在暂时逃避和放弃的同时,获得的是自我的尊重,也是给心灵一次放生的机会。

视窗10-1

毕业班教师减压小招数

1. 把鲜花养在身旁。在"冲刺"阶段,无论是办公室还是教室,放上几盆鲜花,闲暇时,浇浇水,欣赏一下,可缓解紧张的备考气氛,对调节心情、缓解心理压力大有裨益。

2. 淡泊心情,清淡饮食。应该尽可能把考试看淡点儿,以平常心坦然面对。相信付出就会有回报,即使没达到想要的结果也问心无愧。日常饮食以清淡为主,多吃蔬菜和水果。可以备些绿豆汤饮用,以降心"火"。

3. 感受压力,感谢压力,释放压力。生活中的痛苦会让我们更深刻地感受到自己的存在,并积极寻找解决的路径;感谢压力,让我们体会到了多味的人生,让忙碌、快乐和满足并存于心间;坦然并积极去面对,让压力释放出来。

4. 和学生一起跑早操。和学生一起跑操,不仅锻炼身体;听着学生整齐的步伐声,还会发现自己并不是孤军奋战;和学生一起喊口号,喊出自己的力量,喊出斗志,喊出不服输的气势,精神会得到放松。

5. 走出高考的迷雾。如果把"高考"或者"成绩"看作自己工作的唯一，始终想着，就会使你更加焦虑。要知道并不是所有的学生都必须通过高考找到自己的未来。作为教师，把眼光放远点，就会使自己走出高考的迷雾，同时也给自己减除不必要的负担。

6. 与学生有个美丽的约定。和学生面对面地交流。告诉学生，老师也是人，也需要荣誉，老师的压力也很大，和学生相互理解，达成协议，使他们自愿遵守彼此的约定，保持高效轻松的学习生活节奏，这样教师的压力就减少了一半。

7. 放眼于学生的成长。理一理每个学生的成长过程，然后给他们一个恰当的定位。不要指望成绩在末位的学生能一下冲到首位，也不要幻想平时调皮捣蛋的学生一下子变得刻苦学习。抱着一颗平常心去观察孩子，你会惊奇地发现，每个孩子都在成长。教育的根本目的不是只培养大学生，而是培养对社会有用的人才。因此我们应该怀着感激的心态，去分享学生成长的快乐，品味冲刺中的幸福。

[资料来源]中华文本库,http://www.chinadmd.com/file/co3iis366aawpcpicpisibcx4.html.

第十一章

拨开乌云见青天
——高中班主任压力调适

"你愿意当班主任吗?"如果校长这么问我,我会毫不犹豫地说:"我不愿意。""这不仅是学校的安排,也是工作的需要,你还是不愿意当吗?""是的,我还是不愿意,但是我会接受学校的安排,当好班主任。"

做班主任就意味着负责任。学生不出事则已,一出事,好像已经成了一种习惯,就是班主任的错。家长不依不饶,班主任苦心经营的成果也会付之东流。

做班主任意味着满负荷地工作。班级的卫生,早操、吃饭、午睡,黑板报、晨会、班会、运动会,还有学生的花名册、成绩单、素质报告书等一大堆记录材料在"折磨"着班主任,此外每天还要应对许多计划之外的事件。总之,班主任就像学生的保姆,学生在校的每个细节都离不开班主任,这样日复一日的满负荷工作很容易使班主任产生职业懈怠。

最可笑的是,管班主任的"官"很多。班主任头上有个庞大的体系:德育的、教学的、后勤的、文体卫的,甚至一日常规检查的,班主任都得面面俱到,积极配合。

[资料来源]百度文库,http://wenku.baidu.com/view/a62ddc48cf84b9d528ea7a3d.html.

教育部原部长何东昌曾经说过:"一个优秀的班主任,就是一个教育专家。"这既是对优秀班主任的极高评价,也为班主任指明了努力方向,同时也暗示当一个优秀的班主任实属不易。班主任是学校工作的中坚力量,是班级工作的组织者、班集体建设的指导者、学生健康成长的引导者,是教育工作中的骨干,是家长和学校之间的沟通桥梁,是实施素质教育和德育教育的重要力量。有人形容班主任工作是"兔子的腿,婆婆的嘴",班主任不但在校内有很多工作要做,就是下班后也难得清静,"班主任老师起得比鸡早,睡得比猫头鹰晚"。还有人形容班主任工作是"夹缝活儿",一边是学校领导,一边是学生家长,两边都在给班主任施加压力。班主任作为教师中的一个特殊群体,其工作性质和职业角色都使他们所承受的心理压力比普通教师大,那么班主任的压力到底来自哪里呢?应该如何灵活应对,让自己在重压面前依然保持身心的健康呢?本章我们将集中关注这些问题。

第一节

三更灯火五更鸡
——高中班主任的压力来源

高中老师压力大,高中班主任老师的压力大上加大。班主任的压力很大一部分来自自己的工作职责——班主任工作。此外,学生家庭、社会期望,以及教师自身的发展等也给他们带来了不小的压力。

一、班主任工作

（一）工作任务重

作为高中班主任,他们面对的是处在青春期的学生,其工作对象的特殊性决定了高中班主任要成为几乎事事都要关心的"超级保姆",既要抓学生党团建设、班集体建设、学生干部培养;又要定期家访和召开家长会,与家长沟通,解决学生在思想、学习、生活、心理等方面出现的诸如早恋、学习压力大、考试焦虑等问题;还要进行日常教学,争取职称晋升,参加各层次的例会,迎接频繁的阶段性工作考核;此外,再加上某些突发性事件,高中班主任有时候甚至连个安稳觉都睡不成。可以说,班主任一天24小时都一直处在紧张的应激状态。尤其是对于高三的班主任，除了正常的班级管理外，还要顶着高考的压力，每天早出晚归，没有节假日，重重压力交织在一起，让他们不堪重负，精疲力竭。

（二）工作责任大

如果工作任务重更多的是让班主任感受到"劳力"的话，那责任重大则让班主任老师感受到"劳心"之苦。现在的学生多是独生子女，家长和社会对学校和教师寄予了太多的关注、太高的期望，而班主任的责任更是首当其冲。学生的学业问题、升学问题、安全问题、人际问题，甚至是家庭问题都会把班主任牵扯进去，万一有哪方面没有考虑周全就可能会引发不可预想的后果。尤其是高中班主任，面对的是一些处于青春期的学生，他们的生理和心理处于未成熟和成熟的边缘，认识能力有限，人生观和价值观还未成型；情绪敏感波动，遇事容易冲动；加之高考的巨大压力，比较容易出现心理危机和行为障碍，如果处理不及时恰当，后果就可能比较严重。这种责任带来的心理压力更胜过繁忙工作带来的压力。

链接

来自南城中学的赖锦银老师当了 17 年班主任。一天晚自习后，有个学生向她反映嘴上有点苦，怀疑自己是在宿舍喝了什么不明东西。"我一下子吓坏了，连忙带他回宿舍检查，才知道他喝了室友的洗衣粉水。然后带他去看校医，打电话给家长，学校领导也来了，一直到晚上 11 点多才将那个学生安顿好。"赖锦银说："每天这样的事情很多，家长把孩子放在学校，孩子的生活一切由学校负责，学校又将这一责任放在班主任身上。我这么多年做班主任累习惯了。由于担心学生下晚自习会发生践踏事件，我们每天晚自习后就得守在楼梯旁看着学生离开。其他学校有学生自杀了，我们每天都神经紧绷，社会关注和家庭教育的缺失，无形中加大了班主任的负担。"也就是说，赖老师一天到晚都要承受着为自己学生的安全问题而提心吊胆的压力。

［资料来源］百度文库，http://wenku.baidu.com/view/99b668f37c1cfad6195fa761.html.

（三）工作自主性差

高中班主任在工作上的自主性差。其原因在于很多的高中学校通过量化考核制度来评价班主任工作,这一制度虽然可以使班主任工作在操作上变得更加具体,但是它的科学性存在一定的问题。例如,很多学校的量化考核事无巨细,统统备案,从教案到读书笔记到班会发言都要有文字记录,更有学校为实现无纸化办公要求班主任的上交材料必须是电子稿。这样的要求给班主任带来很多额外的负担。尤其那些年龄较大、对电脑使用还不熟练的班主任更是苦不堪言。此外,学校对于班主任工作这种过于注重细节和一刀切的管理方式,往往会降低班主任工作的独立性和自主性,使得班主任常常处在被动无奈、疲于应付的状态,导致其缺乏事业的成功感、价值感、幸福感,可持续发展的动力不足。

（四）工作挑战性强

如今很多班主任说:"现在的学生不如过去好管了。"的确,随着时代的发展,观念的不断更新,诸多媒体的影响,加之独生子女被宠爱、呵护惯了,见的世面也多了,因此,现在的高中生与以往相比,知识面更广,有自己独特的思想与个性,敢于表达自己的观点,不乏叛逆心理;内心世界也变得比较复杂,情感更加丰富,早恋现象非常普遍。高中学生的这些变化对高中班主任提出了挑战。如何顺应时代的发展,真正走进学生的内心世界,实施具有创造性的教育,对高中班主任提出了更高的要求。

（五）工作付出与回报难成比例

前文所提到的馆陶县第一中学班主任赵鹏自杀一案让广大师生和社会各界人士

痛心疾首,就是这样一位对待工作兢兢业业、辛苦付出的人,却因为每个月的工资不足以负担家庭的支出而走上不归路。这个惨痛的事实说明了什么? 不正说明班主任的工作付出与回报难成比例嘛! 这种投入与产出的不平衡很容易让老师心理失衡,进而影响其工作热情。

二、学生家庭

"望子成龙,望女成凤"是每个家长对孩子的期望。无论孩子的成绩如何,家长都寄予较高的期望。成绩好的孩子的家长希望孩子能考入重点大学;成绩次之的,家长希望能考入普通大学;即便是成绩较差的,家长也希望他们能考入高职高专。家长对孩子学习成绩的高期望给高中班主任带来了前所未有的压力。与高期望值不相称的是,有的家长平时忙于工作或赚钱,无暇顾及孩子,就把孩子推给学校,推给老师,撒手不管。班主任老师既要关心这些学生的学习,还要关心他们的生活、心理,事无巨细,如同"全职"保姆。还有一些家长,对老师缺乏足够的理解与宽容,孩子稍微出现一点问题,不反思自己,一味责怪班主任对孩子不认真、不负责,甚至因为一些小事情到学校兴师问罪,大打出手,让班主任有口难辩、有苦难言。

三、社会期望

社会评价是一把双刃剑,科学合理的评价会使班主任从中获得动力,从而以更饱满的情绪和更大的精力投入工作中;但如果班主任得到的是有失公平或不够客观的评价,他们就会担心自己的能力受到误解和怀疑,产生心理负担,增加工作压力。当前,受根深蒂固的应试教育影响,社会衡量一所高中或一个老师的标准只有一个,那就是高考升学率及名校的录取率! 媒体和家长把目光聚焦在那些升学率高的学校和班主任身上。每年的"升学季",家长通过各种关系,投入大量金钱将孩子送入名校名班,这对这些班主任老师是一种肯定,但无形中也给班主任老师增加了很大的压力。

社会高期望值还表现在：期盼班主任是"神"，而不是普通人，所以不许犯错。一旦出现矛盾，家长就会把矛头指向班主任。如果学生发生事故，承担责任的是班主任，往往一件事情就会抹煞了班主任所有的付出和努力。这种过度的责任常常让班主任老师提心吊胆，担惊受怕，唯恐出现一点闪失无法交代。

四、教师自身

（一）个人专业成长

班主任专业发展的主要途径有两条：一是由政教处定期举办的班主任工作交流会；二是对于新任班主任，学校专门安排经验丰富的"老"班主任采用师徒制方式帮助新班主任快速成长。但对于一名新班主任来说，这两种途径显然不够。在现实情况下，外界可提供的班主任专业发展途径的确有限。一方面，班主任不能像科任教师那样通过参加公开课交流或学科进修来提高专业水平；另一方面，他们在实际中遇到的问题往往也只能靠自己去解决，即使是向其他同事请教，也只能是零碎、片段的获益。因此，怎样提高自己的专业水平也成为高中班主任的压力来源。

视窗 11-1

教师职业的专业化

随着社会的不断发展，社会职业的专门化程度越来越高，一些以往人皆可为的职业正在逐渐发展成为具有自律特征的专门化职业——专业。自 20 世纪 80 年代以来，以"教师"、"教师文化"、"教师教育"为主题的研究，构成了教育研究的最大领域，教师的"专业化"成了当代教育改革的主题之一。随着教师职业被确认为一种专门化职业，教师专业化成长的理论研究和实践探索已成热点。作为发展和延伸，班主任专业化的研究和探索也必将提上议事日程。从班主任的作用发挥来看，班主任不仅仅是班集体的组织者、教育者、管理者，同时还是学生主要的"精神关怀者"、影响学生发展的"重要他人",因此,应当成为具有专门的职业理论、专门的职业道德、专门的职业技艺的专业工作者。班主任职级制的评定,能使我们跃升到一个崭新的"平台",从新的视角、新的高度审视和观照班主任队伍的建设工作,来顺应专业化发展的潮流。

　　[资料来源]潘健:《实施职级评定制:班主任队伍建设的新思路》,人大报刊复印资料《中小学学校管理》,2004 年第 4 期。

（二）角色冲突

　　教师的职业道德规范与社会现实生活之间的冲突与碰撞使得班主任天天都要经得住磨练,班主任角色的多重性导致了角色责任的广泛性,当有限的精力与无限的责任出现矛盾时,就会使班主任产生高度的紧张和焦虑。当班主任要将不同的角色加以融合和组织时,常常会碰到两个角色同时向他提出相反的两种要求,这点在班主任的身上显得尤为突出。在学校,班主任既要树立角色权威,又要成为学生的知心朋友;既要履行管理的职责,又要做好学生的保姆;既要树立班主任的主导地位,又要尊重学生的主体地位。班主任为了成功地扮演职业角色就不得不在面对学生时压抑自己的情绪,不同角色需要之间的取舍必然会引起心理冲突。

　　然而,角色冲突给班主任造成的压力不仅表现在他们在学校中扮演多重角色,还表现在他们在为人师长的同时还要为人夫(妻)、为人父母、为人子女。早出晚归、甚少休假和通宵达旦的加班,使得他们无法应对来自自身家庭的一些困难,比如无法亲力亲为地送孩子上学、买菜做饭、照顾年迈的父母,无法尽自己为人父母、为人子女、为人伴侣的责任,因此就会导致与家庭成员之间的生疏与矛盾、夫妻之间的不和谐不和睦等情况发生,这便成为高中班主任另外一种压力的导火索。

第二节

万水千山只等闲
——缓解班主任压力的策略

一、学校方面

（一）科学调控工作时间，切实减轻工作负担

高中班主任在工作中产生问题行为的根源在于过大的职业压力。减轻教师工作压力，需要学校给予教师有效的支持。首先，学校应多给高中班主任自主支配的时间，实行科学的弹性工作制度，适当地减少繁杂的教学检查，减少班级学生人数，逐步实行小班化教学，制定合理的工作量标准。其次，学校要科学有效地开展教育教学活动，尝试在教学方面将扎实与创新相结合，比如把写教案改成写学案，教师既可以细致地备课，同时也可以把学案作为学生阶段复习、知识梳理和效果检测的工具，有效提高学生复习效率的同时，也帮助班主任节省时间、减轻负担。再次，学校还要为教师提供充分的后勤保障，在教学用具、教辅材料和信息联系等方面给予充分的物质支持。最后，在调控和组织管理学生方面，学校要将把党员干部作为管理力量和人力支持的观

念渗透到每个班级,深入倾听班主任的工作苦衷,不让班主任在工作中感到孤立无援。教育行政部门在各项工作的安排上要与学校协调一致,做到统筹安排,提高工作效率,切实减轻教师的工作压力。

（二）完善学校评价制度，建立良性支援机制

1. 改进学校的教育评价体制

当前,我国高中教师评价主要采取终结性评价方式,评价结果与奖励结合,有的还成为解聘不合格教师的依据。这种只以成绩作为评价标准的评价方式往往会忽视班主任在培养学生养成良好的品德行为和塑造学生健全人格等方面付出的努力,而事实上育人应该是教育的最终落脚点,只有将素质教育落到实处,改变教师评价单一化的体制,才能减轻这种评价方式的负面作用,从而鼓舞教师的工作热情,减轻班主任压力。

2. 增加对班主任的支持,优化配置及条件

具体表现在:优化学校的人员配置,改善班主任工作条件;完善管理机制,为班主任提供更多的学习机会,经常举办班主任工作经验交流的活动,帮助青年班主任快速成长,促进年龄大的班主任继续学习,帮助他们适应新课改的各项要求;支持班主任的教育教学创新,对班主任的缺点和不足能以更人性化的形式加以纠正,对于班主任的成绩应及时给予肯定和积极评价。

二、班主任方面

（一）强化自身心理素质，增强免疫力

班主任不仅在学校管理中起着重要作用,而且在学生的健康成长和发展方面也起着关键的作用。班主任教师的心理状况对学生的影响往往是持久而深远的,因此要实

现学生心理健康这个目标，教师自身就必须具备良好的心理素质。

1. 完善自身的人格

班级管理是一项复杂的创造性劳动。班主任面对的是几十名品性各异的学生，他们的思想、情绪、个性等千差万别，因而班主任的工作也就纷繁复杂。由于管理环境、管理对象和管理内容无时无刻不在发生变化，这就需要班主任具备优秀的思维品质，以培养自己的应变能力。只有这样，才能确保班级始终保持良好的状态。班主任的思维品质指的是善于观察学生的心理活动，善于恰当、迅速地调节班级的各种活动和矛盾的能力。它体现了班主任在班级管理中的应变能力和管理机智。教学教育实践表明，高中班主任的人格与教学教育的成就是相辅相成的。高中班主任的一言一行都会对每一个学生产生长远而深刻的影响。无数的学生在高中班主任人格魅力的影响下，对自己的学习目标及人生规划有了一个全新的认识。班主任人格魅力不仅在激发学生学习的热情上发挥作用，更对学生的人生观及其今后生活的态度和做人的原则影响深远。因此，班主任必须注重提升自身人格魅力，在教学中通过艰苦奋斗、上下求索的态度，影响学生。班主任要运用优良品质和良好的作风潜移默化地感染学生，促使学生们产生强烈的责任感和形成正确的人生观，从而起到人格感化的作用。

2. 培养良好的情感

研究结果表明：班主任愉快的情绪或消极的情绪都会对学生产生一定的影响。而消极情绪更会使学生在教育活动中产生不安及抵触情绪，甚至丧失信心、悲观失望，失去动力。因此，班主任具有高尚的道德情感对于做好教育工作及培养学生相应的道德情感具有十分重要的意义。我们都知道高尚的道德情感，往往来源于崇高的思想品德，这就要求每一位班主任都应该自觉地培养自己的道德情感，真正做到热爱教育事业、热爱学生，在教育工作中自觉地控制、调节自己的情感。班主任善于控制、调节自己的情感，不仅是教育教学态度问题，而且是直接影响学生高尚道德情感形成的重要前提。如果班主任为整顿秩序用教鞭猛敲桌子，那么学生在和同学发生不愉快时，也会学着拍桌子、扔板凳。班主任企图管好班级的急躁情绪，会播下班级不和谐的种子。

班主任情感的外部表现（语言、姿态、表情等）在教育工作中起着一定的作用。有经验的班主任总是能够从一定的教育目的出发,根据学生的实际情况来掌握和控制自己的情感。一个好的班主任还要有执着追求美、鉴赏美、表现美和创造美的情感,换言之,就是具有高尚的审美情趣,以便在教育过程中,用美好的语言、优美的姿势、高尚的情操、崇高的境界去熏陶学生,使他们在德、智、体、美、劳等全面发展的基础上,进一步增添真、善、美的光辉,成为知、情、意、行全面发展的人。

因此,班主任要随时调节控制自己的情绪,尤其是在学生面前。班主任要了解自己,控制自己的情绪,并能及时激励自己。也就是说班主任在学生面前应该表现出积极情绪多于消极情绪。不把不愉快的情绪带进课堂,传给学生。

3. 磨砺意志品质

教育是一个长期的过程,需要班主任具有坚强的意志力和对教育坚定的信念。班主任坚决果断和不屈不挠的精神是直接影响学生的内在力量。班主任的这种力量不在于神态是否严厉,而在于其对学生的态度是坚决、果断还是犹豫不决。优秀的班主任总是能以保护学生为出发点,根据学生的具体情况,以和善友好的态度提出自己的要求,这样,学生就能心悦诚服地接受班主任的建议和要求。班主任的沉着冷静也能有效地影响学生,如在教育实践中,优秀的班主任对待任何意外情况,总是能保持沉着冷静的心态,这种情况下学生也就会为班主任所持有的平静安详的态度所感染,从而真正平静下来。班主任在提出要求后,仍要坚持观察和督促,并认真地进行指导和检查,这样,班主任的良好做法不仅能保证工作的顺利进行,也能够成为学生学习和模仿的榜样。

4. 改变对压力的认知

人生之旅不如意事十之八九,很多事情往往朝着你不愿意的方向发展,这时你就要正确认知压力,灵活调整自己的心态,积极面对。例如,当你遇到不公平的生活事件或不协调的人际关系以及不愉快的情感体验时,不妨试试换位思考,发现其积极的意义;一个人要有进取心,但是欲望和目标不可太高,不要追求十全十美,要学会"知足者常乐","退一步海阔天空";积极忘记过去的、眼前的不愉快,随时修正自己的认知观念,不要让痛苦的过去牵制住你的未来;面对各种压力,躲避不成,那就勇敢面对;无法面对,那就暂且搁置一边,随着时间的推移,很多事情都会成为"浮云";正确看待苦和累,如一块石头,如果你把它顶在头上,它可能会把你压到地底下去,如果你把它踩在脚下,那么它可能会帮你跳得更远。对待班主任工作中的苦和累,我们只要笑看它,接受它,不把它看作最艰难的事情,我们就不会觉得特别累。就像陪伴心爱的恋人逛街一样,不管楼层有多高,东西提多少,幸福感都不会少。我们不妨试着把班主任工作看作自己的情人,每天都说我愿意做,我喜欢它,我不怕它,面对遇到的种种困难,不是越想越难,而是想想"不过如此"、"不会怎样",你的心态会变得更好,你就会觉得轻松多了。

链接

美国前总统罗斯福家中被盗,被偷去了许多东西。罗斯福在给朋友的信中写道:"我现在很平安。感谢上帝:因为第一,贼偷去的是我的东西,而没有伤害我的生命;第二,贼只偷去我部分东西,而不是全部;第三,最值得庆幸的是,做贼的是他而不是我。"

[资料来源]百度文库,http://wenku.baidu.com/view/f00ce324af45b307e871976f.html.

5. 保持平和心态

很多班主任特别在意领导和同事的评价,有时欠冷静而冲动行事,导致心态不平衡徒增压力。

对待领导的评价要平和。班主任的工作也是一份普通的工作,领导的表扬不过是一种肯定,荣誉过后,还要正常进行日常的管理工作,所以不必因为受到表扬而自视甚高,沾沾自喜。同样,领导的批评仅仅是一种鞭策,工作中有问题及时纠错也是提升自己的途径,批评逆耳利于行,所以不必因为遭到批评而自怨自艾、灰心丧气。正如范仲淹所言:"不以物喜,不以己悲。"平和地对待领导的评价才能在工作中发挥积极性和主动性。

对待同事的议论要宽容。"人言可畏,积毁销骨",很多无心或有心的话语会造成他人心灵的伤害,所以,班主任在面对同事的议论时要冷静处理。对于真正指出自己缺点的同事,应知其善意,虚心接受批评;对于误解自己的同事,应主动与之沟通,化解矛盾;对于恶意中伤自己的同事,应心平气和地对待,用宽容感化。

对待家长的意见要大度。面对家长,班主任要以宽广的胸襟去接纳他们的批评,要以积极的心态去尊重他们的意见,改进自己的工作,与家长建立和谐的友好关系。

(二)放松自我,学习心理保健知识

班主任还应学会自我放松,无论怎么忙,都要给自己留下一点空间和时间,让紧绷的神经得到适时的放松。例如,在闲暇时间,可以培养一些兴趣爱好,如室外观景、室内养花、唱歌弹琴、写作绘画、集邮藏币、体育锻炼等,这些都会有助于你消除不良情绪,强身健体(可以参考第十章)。此外,班主任要努力学习心理保健和预防心理疾病的知识,在必要的时候要采取适当手段进行自我调节和控制。另外班主任要积极争取继续教育的机会,积极参加学校的心理健康教育,多听心理健康知识讲座,学习一些提高心理健康的方法和技巧。

视窗 11－2

自我放松小窍门

在经历了一天激烈的打拼后,不要将工作场所的紧张情绪带回家中,尽量让自己放松,从办公状态调整到居家状态,不妨试试以下 10 种调节方法:

1. 将工作留在办公室:下班时尽量不要将工作带回家中(即使是迫不得已,每周在家里工作不能超过两个晚上)。

2. 提前为下班做准备:在下班两个小时前列一个清单,弄清哪些是你今天必须完成的工作、哪些可留待明天。这样你就有充足的时间来完成任务,从而减少工作之余的担心。

3. 在住所门口放置一个杂物盒:购买或制作一个大篮子或是木头盒,把它放在住所门口。走进家门后立即将公文包或是工具袋放到里面,第二天出门之前绝不去碰它。

4. 静坐:在进晚餐、去健身房锻炼或是抱起小孩之前,花 3—5 分钟闭上眼睛做深呼吸。想象着将新鲜空气吸入腹部,将废气彻底呼出。这样就能够使头脑清醒,卸下工作的压力。

5. 将困难写下来：如果在工作当中遇到很大的困难，回家后仍然不可能放松，那么请拿起笔和纸。一口气将所遇到的困难或是不愉快写下来，写完后将那张纸撕下扔掉。

6. 创立某种"仪式"：给自己创立某种"仪式"，如在餐桌上与孩子谈论学校的事情，也可以是喝上一大杯柠檬汁……以它为界将每天的工作和家庭生活分开。

7. 将家里收拾整洁：一个杂乱无章的家会给你一种失控的感觉，从而放大了白天的压力。睡觉前花上 5 分钟收拾一下住所，第二天你就可以回到一个整洁优雅的家了。

8. 听听音乐：在准备晚餐、支付账单或是洗衣服时放一些自己喜欢的音乐。欢快、好听的音乐能够给你在干家务时增添不少乐趣。

9. 合理安排家务：不要试图在一夜之间把所有的家务干完，可以将一些家务留到周末再处理，这样就能使做家务成为工作之余的放松手段。

10. 下班路上的享受：下班路上，可以放自己喜欢的 CD 或是录音书，花上几分钟做自己喜欢的事情有助于缓解工作的紧张情绪。

[资料来源]网易博客,http://2009shhgl.blog.163.com/blog/static/12174036520117723 95376/.

（三）提升业务水平，降低压力

很多时候班主任的压力来自于无法应对工作时的焦虑。如果把平时的工作细化，多花些时间在基础性和建设性的工作上，做到未雨绸缪，这样就不会手忙脚乱、疲于奔命了。当然，每一项活动开展起来都要坚持不懈，并以促使学生健康成长为最终目标。真正做到开展工作有目标，组织活动有条理。正确引导学生个体言行，将其有效集合成为班级的集体准则，让合理的"班规民约"真正转化为良好的班风班貌，从而使这个集体产生极大的凝聚力，促进集体中的每位成员取得意想不到的好成绩。实践经验告诉我们，对青少年学生教育而言，富有建设性的管理比单纯纠错的管理更容易令人心情愉快。"班级不是单一固定的单元，里面的每个学生都不一样，要用不同的方法来教育。"每个班主任都应注意学习和总结经验，做到因材施教，如对优等生要严格要求，防止自满;对中等生要委以重任,呵护有加;对后进生要关心热爱,及时纠错等。

另外,班主任不是保姆也不是警察,因此要学会放手,培养学生自治自理的能力,这不仅仅是对班主任自身的解放,更是一种新型教育思想的体现。教育重要的任务是培养学生自我约束、自我管理的能力,以适应未来社会的挑战。因此,班主任要相信学生的能力,放手发动他们,建立具有班级特色的学生管理机制。

链接

刘胜本,是山东青岛一位平凡的老师。在他身上,看不到倦怠、压力、焦虑等负性情绪。尽管已从教20年,他还担任高中班主任。他说,自己喜欢做班主任,感觉挺轻松的,自己操心的事很少,大部分事情学生都能做好。他说,自己跟学生在一起特别幸福,有什么烦心事,一到教室里就全忘了。积极心理学相信,每个人都具有积极的因素,人是决策者,有选择、有理性、有智慧。如果我们调动了这些力量,不仅可以预防心理疾病的发生,而且可以做一个幸福积极的人。

[资料来源]朱哲:《用幸福培育幸福——2009年教师心理健康教育评析》,《人民教育》,2010年第1期,第30—32页。

综上所述,班主任只有带着真诚的热爱之情,选择恰当的方法和手段,不断总结经验,努力提高素养,才能有效地将工作压力转化为前进的动力,从而获得真正的自我成长和职业幸福感。

三、社会方面

(一)构建积极和谐的人际关系,消解压力

在与同事相处时,不要强人所难,要友好相处,坦诚相待,注意有效的沟通。宽容同事的缺点,信赖与理解同事,与同事愉快合作,为自己也为他人创设一个和谐的工作

环境，不要因为竞争把自己孤立起来。在单位交几位真心朋友，在烦恼时可以倾诉，因为同行之间非常了解彼此的工作，也就容易沟通，也容易听取正确的意见和建议。

班主任在与家长沟通时，应多站在家长的角度去关心孩子，学会换位思考，理解家长的心情。如果班主任能够真诚地对待每个学生，让家长感受到自己的孩子是被真心喜爱关心的，那么班主任与家长之间的交谈就能够顺利进行，家长也就更容易接受班主任的意见，并与之积极配合。另外，班主任对表现情况各异的学生，可以分别采用家访、约谈、电话沟通、网上交流等方式，与学生的家长保持联系，加强交流，从而搭建起相互信任的桥梁，增加对教育学生(子女)良苦用心的相互理解。

视窗 11-3

班主任与家长沟通的技巧

一、真诚相待，善于倾听，信任尊重家长

1. 教师要以真诚与平等的态度对待学生家长，取得他们的信任，争取他们最大的配合，共同探讨对孩子的最佳教育方法，以达到共同的教育目的。

2. 成功的老师通常是最佳的倾听者。

二、对不同类型的家长采取不同的沟通方式

1. 对有教养的家长，我们要坦诚相告；

2. 对溺爱型的家长，我们先肯定孩子的长处；

3. 对放任不管型的家长，我们要多报喜、少报忧；

4. 对后进生的家长，让家长有信心；

5. 对气势汹汹的家长，以理服人。

三、教师要努力提高自己的业务能力。

教师在作业的批改、班级的管理，学生活动的组织等方面要认真负责。

教师在与家长沟通交流时要真诚友好、不卑不亢，把自己对学生的那份浓浓的爱心、耐心和责任心充分地流露给家长，那家长就会自愿积极配合老师，从而获得较好的效果！

[资料来源]百度文库，http://wenku.baidu.com/view/88d5e14fe518964bcf847c3f.html.

全国优秀班主任魏书生说过："教育学生的时候，力争不站在学生的对面，让学生怎样，不让学生怎样，要力争站在学生的心理、站在学生真善美那部分思想的角度提出：我们需要怎样，我们怎样做才能更好。这样，学生会感到你不是在排斥他，而是在帮助他。"[①]用班主任的信任、热爱、坦诚去打动学生，经常与学生接触，平等沟通，采取不同的交流方式，如面谈、写信、短信、QQ 聊天等。班主任还可以以倾听、启发、引导的方式使学生的心理渐次开放，情绪得到宣泄，促其更正错误，保持良好行为。

（二）建立社会支持网络，对教师持合理期望

关注班主任的压力，需要整个社会支持系统的调整。"十年树木，百年树人"，一位未成年人的教育工作是一项复杂的工程，班主任必须获得家庭和社会的全力支持，在"家校合作"的模式下才能使学生健康成长。因此，需要家长和社会承担的教育责任不能单纯地全部转嫁给学校，进而让教师承担这不可承担之重。要切实减轻班主任压力就要使社会给予这一职业一个合理的期望，如果超出了适当的范围，就会对班主任产生无法承受的压力，这不仅对于班主任的教育教学工作不利，更对学生的长远发展不利。因此，建立社会支持网络，给予教师合理的期望是减轻班主任压力的重要环节。

（三）提高高中班主任的工作待遇刻不容缓

政府要将眼光放长远，虽然经济是政府的命脉，但人力资源的培养为地方和政府提供智力支持的重要作用也不容忽视。只有切实提高高中班主任的工作待遇，才能消除他们的后顾之忧，使他们从生存的压力中解放出来，以最大的精力和热情投身教育教学改革，一心一意地为教育事业谋发展之路，为地方的经济文化建设创造智力财富，让教育惠及地方和人民，为社会培养出更多高质量、高品位、高创新能力的人才。

---

① 魏书生：《魏书生与民主教育》，北京师范大学出版社，2007 年版。

第十二章

而今迈步从头越
——课程改革与教师压力应对

　　教师职业的特点决定了这是一个压力较大的职业,而随着时代的发展,以及国家教育政策、教育制度的调整,尤其是始于上世纪末的大规模的素质教育改革,又给教师们增添了新的压力。其中,课程改革成为国家教育改革中很重要的一个环节,课程改革给教师带来巨大的挑战,同时也意味着巨大的压力,那新课程改革究竟给教师带来哪些压力? 现代教师又应该如何尽快调整自己、迎接挑战、应对压力,适应改革的发展呢? 这将是本章所要讨论的具体问题。

第一节

乱花渐欲迷人眼
——课程改革与教师压力

一、课程改革下的教师

2003 年 3 月 31 日,教育部印发《普通高中课程方案(实验)》和语文等十五个学科课程标准(实验)的通知,开启了高中新课程改革的序幕。新课程借鉴国际课程改革的有益经验,大力推进教育创新,努力构建具有中国特色的、充满活力的普通高中课程体系。新课程改革立足我国社会发展的实际,顺应时代潮流,体现了适应时代发展的需求。这是一次以培养适应新世纪创新人才为目的,适应素质教育形态的课程与教学领域的综合改革。

课程改革是一个复杂的系统工程,涉及了课程结构、课程设置、课程内容、课程实施与评价等几个方面的改变,是一场从教育理念、教学方式、学习方式到教学管理与评价的深刻变革。新课程改革提出的一系列新的教育教学理念和教育改革措施给教师以"震撼"和"洗礼"的同时,也给处在改革最前沿的教师带来了实实在在的压力。山东滨州学院的魏青云等人对山东省淄博、滨州两地的部分课改实验学校的教师就新课程实施中教师压力状况进行了问卷调查和个别访谈,结果发现:96%的教师认为新课程的实施中是有压力的,并且压力的存在与否没有因不同年龄、任教学段和学历等表现出显著性差异。[①] 辽宁师范大学刘磊等人对大连市随机选取 500 名参与"新课改"的教师的调查发现:98.6%的教师感到新课程的实施对自己有压力。[②] 四川乐山师范学院刘河燕等人对四川省乐山市的峨眉山、五通桥两个最早实施新课程地区的 280 名教师的心理状况进行了调查,同样发现:95%的教师认为在实施中是有心理压力的。[③] 通过上述三个研究,可以推测新课程的实施已使全国各个省市地区教学一线的教师普遍感受到压力的存在,并且压力的强度较大。

魏青云等人的调查还显示:新课改中过度压力的存在,已导致教师产生显著的负性情绪体验。近 60%的教师在工作中经常伴随着紧张、焦虑、压抑、担忧等不良情绪,50.6%的教师经常感到沮丧、挫败、无助,48.6%的教师已产生疲劳、倦怠感。这些消极情绪体验,不仅使某些教师感到身体不适,且对新课程的实施带来不利影响。有47.2%的教师不再有课改启动之初的高昂热情,34.6%的教师对课改的认同感在降低,31%的教师对自己能否胜任新课程的教学开始感到怀疑,甚至有 26%的教师表示"若有选择机会,会考虑其他职业或离开教学第一线"。[④] 可见,过度压力的存在已经产生了十分严重的负面作用,这些压力必将影响教师的教学积极性、教学效能感,导致教学效果下降。

已有研究表明新课程实施中教师面临的问题和压力主要表现在:一是课时不够,教学任务完成不了;二是不知道如何把握教材、如何整合"三维目标";三是新的教学方法如"合作学习"、"探究教学",讲起来简单做起来难,难以驾驭;四是不知道高考怎么考,新课程的课堂,像一艘船在没有航标的大海中乱行,要么徘徊,要么赶快调整到原

---

① 魏青云:《新课程实施中教师压力:现状、成因与疏解》,《当代教育科学》,2004 年第 1 期,第 20 页。
② 刘磊:《关于"新课改"中教师压力的调查研究》,《教育研究与实验》,2004 年第 3 期,第 66 页。
③ 刘河燕:《新课程实施中教师心理压力的现状与缓解》,《教学与管理》,2005 年第 11 期,第 13 页。
④ 魏青云:《新课程实施中教师压力:现状、成因与疏解》,《当代教育科学》,2004 年第 1 期,第 21 页。

来的航线;五是课程改革了,教学管理模式、教学评价模式和教学资源配置等课程改革的支持系统却一如既往,所以新课程实施只能是"旧瓶装新酒";六是家长对新课程存有疑虑,对改革不支持;七是社会对教师的期望太高,教师心理压力很大,等等。[①]

二、课改导致教师压力的原因探析

（一）外因：高中课改本身存在的问题

1. 教材的编纂不够完善,缺少课程资源

教材是课程资源的核心部分,在教学活动中起着重要的作用,是教学活动的媒介和载体,也是教师开展教学活动的主要依据,还是学生学习的主要资源库,其重要性是不可忽视的。因此,教材的编写、审查、出版、发行和管理,是推进高中新课程改革的一个关键环节。但是有调查发现,高中教科书在内容和结构方面存在许多突出的问题,具体表现在:部分学科教科书内容逻辑性不强,存在断层的现象;相关学科之间内容缺乏横向逻辑联系;教科书编排不合理,部分内容偏离课程标准的要求等。[②] 其次,缺少课程资源是新课程实施中遇到的主要困难。尤其是广大农村和边远地区,课程资源不足问题更加突出,教学资源匮乏,教学设施配备不齐全。为使课改顺利进行,教师必须进行课程资源的开发,以避免"巧妇难为无米之炊"的尴尬。这就需要教师花大量的时间进行教学设计、寻找教学资源,这在一定程度上加重了教师的心理压力。

2. 减负工作未取得实质性进展,减负等于加负

很多人认为,"减负"似乎是跟"新课改"等同的一个名词,大家都觉得新课改后教材难度降低了,学起来会很轻松,但事实并非如此。例如,就数学课程设计而言,看似课本变薄了,知识点减少了,可以松口气了,但是课本里没有的内容,考试仍然会考。

---

① 周月朗:《新课程实施中的教师压力及其管理策略》,《教师教育研究》,2006 年第 4 期,第 27 页。

② 教育部山东师范大学基础教育课程研究中心调研组:《高中课程改革的进展、问题与建议——基于山东省实验区的调查研究》,《山东师范大学学报(人文社会科学版)》,2006 年第 6 期,第 38 页。

为此，每个老师都要准备新旧两套课本以备不时之需已是数理化的"潜规则"，结果造成老师乱、学生累，教师和学生的负担都增加。教师在备课时需要比以前花更多的精力，需要不断地关注、学习和研究新知识、新问题。这种不断学习的压力和挑战是巨大的。

3. 教学实际与课改目标之间偏差很大

公众对新课改的实施有着十分强烈的期盼，但在具体实施过程中，任务和目标不够明晰，尤其是对学生的最终评价没有定型，考试改革滞后，目前的考试制度与新课程的综合评价存在矛盾，因为无论新课改怎么改，学生还是要通过考试进入大学。如此一来教师不知道如何具体操作，如何将以往的经验与现行的目标结合起来，陷入思想和行为的混乱，从而导致压力的产生。另外，新课程改革中倡导的"学分制"、"走班制"与"选修制"也由于种种原因很难付诸实施。

4. 变革条件的相对匮乏

教师在课程改革实施中所产生的职业压力与变革条件的缺乏是密切相关的。新课程的实施要求教师掌握最新的教育观念、教育理论以及最新的教学方法和教学手段，开展创造性教育，而这一切都要建立在必要的环境基础上，需要社会和学校在政策、资源、条件等方面的支持。虽然社会和学校对高中新课改持有共识，感到改革势在必行，但是在当前高考指挥棒的指导下，对课程改革并非能积极主动地参与和实施，且一些地方受经济条件的影响，对新课改的资源支持相对缺乏。如果缺乏支持性条件，教师的热情就会受到伤害，久而久之就会产生职业倦怠，因此要完善各种配套制度。

（二）内因：教师自身的原因

1. 面对课改，自我效能感降低

在新课改实施中，教师开始面临新的挑战，旧的知识和技能难以应付新的挑战，新的专业技能还没有完全掌握，而"新课程改革"却对教师提出了高标准和严要求。参照这些标准和要求,许多教师感到自身的能力与新课程的要求相去甚远,从而导致教师自我效能感的降低。如"首期中小学骨干教师国家级培训全程评估研究"的调查中发现,88.77%的教师认为"教师的能力与水平跟不上素质教育和课程改革的要求"。[①]根据拉扎罗斯等人的压力理论,如果教师通过主观评估认定新课程改革属压力事件,且自己拥有的压力应对资源如知识、能力、时间、经费、社会支持等不足以控制压力事件,就会产生巨大的压力。

2. 新旧教育理念碰撞之痛

新课程改革实施之后,教育理念发生了巨大变化,新旧教育理念的碰撞直接导致了教师的心理压力。旧的教育理念以传授知识为基础,强调"教师、教材和课堂为中心",教师主宰着教学活动的整个过程,教师将教学内容传递或灌输给学生,学生只是被动地接受知识。而新的教育理念则突出了学生的主体地位,认为学生是教学活动的积极参与者、知识的建构者,强调师生平等、师生互动,认为教师只是教学活动的引导者和参与者,这导致了教师的"权威"地位在课改的环境下的削弱。教师维护自身地位的愿望与现实的"落差"形成了教师压力的来源之一。[②]

视窗 12-1

"填鸭"教学变"牧羊"引导

尽管坐在教室的最后一排,高一(8)班的孔德备听课依然非常认真,老师每有问题,他都大声回答,"初中的时候老师讲得多,我们说得少。高中不一样了,现在这样上课挺好的,比较有意思"。同班的高珊说:"高一的课堂气氛好,大家都很活跃,听讲比过去更认真了。"大部分学生普遍反映,老师讲课快,跨度大,"没有初中讲得细,好多知识要自己看"。而这,正是课改试图改变的。

---

① 朱益明:《首期中小学骨干教师国家级培训全程评估研究概述》,《教师研究信息》,2000 年第 7 期,第 40—48 页。

② 宋亚辉:《关于新课程改革背景下我国教师压力的研究》,《内蒙古师范大学学报》,2008 年第 8 期,第 54—56 页。

在"走进高中课改"校长论坛上,古浪一中副校长骆世举提出,实施新课程重要的是要更新理念,其中教学模式的理念更新最关键。面对新课程的即将实施,学校应该将教学模式从"填鸭"式向"牧羊"式转变。"牧羊"式教学模式与"灌输"式、"填鸭"式教学的不同之处在于,它不是告诉学生"这种草好吃,应该这样吃,必须吃",而是在指明所要达到目标的基础上,把"羊儿"带到广袤的草地上。"吃什么草,怎样吃"是羊儿的事,教师只是一个"牧羊人",只需要小心看护、组织和引导那些"羊儿"吃饱吃好,这种教学模式使课堂真正提升了学生的主体地位,充分发展了学生的个性。

［资料来源］《每日甘肃》,http://lzcb.gansudaily.com.cn/system/2010/09/011708837.shtml.

3. 角色转变上存在困难

中国几千年来的文化将教师塑造成了绝对的思想权威和知识权威,教师是思想道德的说教者,是知识的传授者。然而,新课程改革,却改变了教师的这一传统角色。新课改要求教师不仅是知识的传授者,更重要的是学生学习的促进者,师生关系也不再是过去的"师徒关系",而是平等、民主的关系,教师的传统权威受到严峻的挑战。要实现这种角色的转变,并不是一蹴而就的,尤其是对那些"尊师重道"思想极浓的教师来说,短期内转变自己的角色是很难做到的。传统的角色没有完全放弃,新的角色还没有重新构建,但又不得不转变,这无形中给教师带来了一定的压力。

第二节

我劝天公重抖擞
——课改压力的应对

一、外部环境：不断完善课改条件

（一）完善课改环境，提供支持性条件

新课程改革对教师提出了较高的要求，给教师带来了前所未有的职业压力，这就需要学校的各级管理人员多关心教师的工作状况，协调好教师的工作关系和人际关系，为教师提供各种情感支持、物质支持和信息支持。所谓情感支持就是对教师面对的压力及其产生的不良反应，学校要给予尊重、信任、关怀、体贴、理解和宽容，建立合理的教师职业期望，以免给教师造成过多过重的心理负担。物质支持则是指对课程资源的投入，给教师提供资金、更新教学设备、增加新技术手段在教学领域中的应用等。信息支持主要是指给教师提供各种有关新课程改革的知识和信息，提高教师的可控感，降低其压力。

（二）加强教师培训，增强教师职业胜任力

教师的专业素养是影响课程实施的一个重要因素。而有效的培训则能促进教师能力的提高和观念的转变，帮助教师将新课程的理念创造性地体现到教学行为上。因此建立有效的教师培训模式，有计划地使教师得到必要、及时的培训，是当前面临的紧迫任务。在培训方式上，应该在专家引领的基础上，回归教学实践，以课程改革中出现的新问题为方向，使教师通过亲自实践来自主探究，从而对新课程从知道"为什么改，改什么"到知道"怎么改"，从根本上提升教师自身的专业素质和职业胜任力，切实有效地推动新课程改革。[①] 学校要建立长期的培训机制，为教师提供持续性的专业发展保障，使教师的专业能力在新课程实施的同时得到提高，切实解决教师自身教学能力与新课改需求之间的矛盾。

（三）明确课程改革的目标，完善课程改革方案

要减少新课程实施的不确定性，降低教师的压力感受，就必须对课程改革的目标有一个较为清晰的界定，对新课程实施的意义、程序、方法、步骤等予以详细的解释和说明，使教师在新课程实施中对自己要做什么、应该怎样做有一个比较清晰的认识。新课程的设计者、决策者、组织者要广泛地深入教学第一线，深入不同的地方，调研不同的对象，寻求成功的实施范例，采取切实有效的措施帮助和指导教师，从而减轻教师的压力。

---

① 宋亚辉：《关于新课程改革背景下我国教师压力的研究》，《内蒙古师范大学学报（教育科学版）》，2008年第8期，第55页。

二、内部环境：提升自身应对能力，变压力为动力

面对已经定局的新课改，作为教师，逃避、抱怨、指责、消极怠工都于事无补，理智的做法是对压力进行重新审视与认识，积极赋义；同时不断调整自己，发掘潜能，尝试变压力为动力，从而获得新的成功。具体建议如下：

（一）更新教育观念，转变教师角色

新课改要求教师在教学理念、学生观、教师角色等多方面进行转变，这引起许多教师心理的不适与压力。美国著名教育家戴尔·卡耐基说过："对必然的事轻快地接受，就像杨柳接受风雨，水接受一切容器，我们也要承受一切事实。"新课程实施中教师职业压力的缓解部分取决于教师的积极主动性，教师如果能充分认识到新课程改革的机遇，并认识到改革的难度以及作为初次试点中改革的不确定性因素，从而积极转变角色，更新教育理念，那么教师对新课程改革中面临的职业压力的承受能力会增强，并会主动加强学习，勇于实践，变职业压力为动力，实现新课程改革中要求的教师自我职业的成长。

链接

湖北省高中课改启动一周　老师有压力学生较适应

荆楚网消息（楚天金报）记者赵莉报道：这个新学期，我省普通高中课改正式启动。开学一周以来，记者走访了数所普通高中，校园可谓波澜不惊，谈及课改的感受，老师们坦言压力难免，而学生们则普遍表示比较适应。

省实验中学高一年级语文备课组长付娟的一席话，颇能代表教师的想法，她表示高中课改后，学生们要学习的内容增多，但学时却在减少。比如语文，过去一学期只用学一本课本，而现在一学期要学习两本课本，还不包括读本；课时却由课改前每周6课

时减少为现在的4课时。可想而知,教师唯有想点子设计课程,增加一堂课的知识含量,引导学生增强自学能力,才能完成任务,保证学生获得相应的学分。该校语文教师张弦说:"老师确实有压力,但我们有信心将压力转化为动力,方法便是学习。"

在过去的两个月中,武汉市的新高一教师接受了数轮课改培训。面对课改,他们尽管有压力,但相较两个月前,他们还是从容了许多。"感觉还比较适应,没感觉有什么特别难的。"省实验中学、武汉市十五中受访的新高一学生均表示适应课改。有教育人士称,这届高一学生上小学、初中时都是课改生,相较于非课改生,他们更善质疑、富有探究精神、善于动手,对于开放性强的高中课改,自然会比较适应。

[资料来源]荆楚网,http://news. cnhubei. com/ctjb/ctjbsgk/ctjbo6/200909/t801174. shtml.

（二）加强学习，勇于尝试，提高自我效能感

根据心理学家班杜拉的自我效能感理论,面对任务,提高自我效能感能够提升个体的自信与战胜困难的勇气,并取得理想的效果。作为教师,面对课改,要积极思考如何提高自己的自我效能感与胜任力,具体做法有:(1)体味成功的经验:多回忆自己曾经成功的经历,激励自己:"我过去行,现在也行!"(2)利用替代性的经验:多借鉴同事成功的经验,暗示自己:"他行,我也行!"(3)积累丰富的知识经验:这里的知识不仅仅是学科的专业知识,而且还包括教育专业知识及各种作为教育背景的基础知识。英国课程专家斯腾豪斯曾说过:"课程发展即教师发展。"这句话高度概括了新课程与教师专业成长之间的密切关系。总之,教师只有在教学领域内努力进取,充分发挥自我能动性,才能更自尊、更自信,才能增强自我效能感,才能提高适应环境的能力和竞争实力。

（三）加强与同行、专家的交流，丰富经验，不断进行教学反思

每上完一堂课后,教师都需要对自己的教学活动和具体课堂情景进行有意识的、

批判性的分析与再思考,保留成功的教学经验,对于失败的地方要加以总结和克服,以使教学经验不断丰富完善。教学反思被认为是"教师专业发展和自我成长的核心力量",具体包括每天记录自己在教学工作中获得的心得体会、经验教训,并与指导教师共同分析;与专家型教师相互观摩课堂教学,并进行讨论;对课堂教学遇到的问题进行调查研究等。①

视窗 12-2

"三七"新课堂教学模式

"三",即以体现目标教学、分组教学、学生探究与合作三种教学思想为主。整个课堂以学生活动为主,教师只是适当点拨。把学习的主动权还给学生,让学生体验到自主学习的快乐,与此同时,切实培养学生的技能、能力和智慧,这也是课堂的核心评价标准。

"七",即新的课堂教学模式分为七个环节:

1. 展示目标,分配任务:师生共同确定目标,学生对本堂课要达到的学习目标有基本的了解。教师结合学习目标,通过小组组长给学习小组分配探究学习的任务。

2. 组内分工,自主探究:各小组组长根据本小组成员的实际水平差异及个人愿望,把本小组所承担的任务向本小组成员分配得更加具体。各成员领到任务后,根据学习目标和所分配的任务,贯彻自主学习,进行自主探究。学生充分发挥个体的主观能动性,对问题进行大胆剖析,明确思路,形成对问题的独到看法。对不能解决的问题,做好记录,在下一环节中利用集体智慧解决。

3. 互助学习,相互答疑:即小组合作学习,落实"兵"教"兵"策略。在交流中相互答疑解疑,并对仍存在的疑问寻求解决方法。在相互的思想碰撞中,产生智慧的火花,继而去伪存真,逐步明晰解决问题的思路或方法。

4. 组内交流,达成共识:即组内交流合作,达成初步共识,为小组展示作准备。学生在相互质疑中,重新审视自己的观点,重新修正对问题的解决方法,并在组内交流,相互补充,相互完善,形成初步的内化知识体系。

---

① 徐泽虹:《试论"新课改"中教师压力及其应对》,《乐山师范学院学报》,2005年第11期,第123页。

5. 推选代表，展示成果：在教师的调控下，各学习小组派出一名代表进行成果展示。这一名代表，须是学习中下游的学生。目的：一是督促在第二步的探究学习时，把"兵"教"兵"策略落到实处；二是为后面的再交流、再补充提供机会，做好铺垫。

6. 本组补充，纠正提高：即针对小组代表的成果展示，先由同组成员进行纠正、补充。为使本组的成果被全班同学认可，在本组代表展示时，同组成员聚精会神，以便及时进行纠正、补充。小组代表展示时，全体同学积极思考。

7. 异组交流，质疑拓展：即在本组交流基础上，由其他小组的同学对其成果进行质疑，通过相互质疑与补充，达到拓展知识与提高能力、展现智慧的目的。这一环节中，需要对质疑活跃而有效的小组给予奖励。

以上各环节，可以彼此交错，教师要适时调控，把握全局。此种课堂教学以小组教学为主，辅之目标教学、自主探究、合作学习、质疑学习等多种方法；以学生的学习和展示为主，辅之教师的适时点拨（教师的点拨要做到"三讲三不讲"。在学生讨论的基础上，对于学生因理解深度或广度不够而影响课堂达标的问题要做好适时的诱导；对于学生自身仍解决不了或存有争议的问题给以适当的点拨；对于学生存在的知识缺陷，属于课标要求范围内的，做好恰如其分的讲解。学生自己能学会的不讲；学生不思考前不讲；对于问题，学生不展示之前不讲）；以对小组评价为主，辅之对学生的个人评价，力争达到面向全体，提高效率的目的。

[资料来源]新浪博客，http://blog. sina. com. cn/s/blog_9ole32e4301015flb. html.

（四）进行积极正确的归因，保持良好的情绪状态

某件事情发生时，人们会积极地去寻求一个原因来对成功或失败进行解释。如果归因不恰当容易导致情绪困扰，行为受挫。例如，失败时归因于自己能力太差，无法改变，自尊心严重受创，久而久之，容易导致破罐子破摔；再或者，无论成败皆归因于外部因素，喜欢如此归因的人，会认为自己对环境完全没有办法掌控，只能随波逐流，长此以往，人会变得消极，凡事都无所谓。教师要克服不良的归因方式，养成以下良好的归因方式，这样在教学路上的成败都会对教师有着促进的作用：（1）失败时，将失败归因

于自己的努力不够,这样就会产生一种愧疚感,加之努力是不稳定的、可以改变和控制的,教师可能就会在愧疚感的刺激下提高努力水平,通过不断的努力来获取成功。俗话所说的失败是成功之母就是这个道理。(2)成功时,归因于自己的能力和努力,这样一方面可以增强自信,唤起自豪感,同时下次遇见同样的事情也会由于之前的成功经历而更加努力地完成任务。付出的努力越多成功的可能性也就越大,长此以往就会形成一个良性循环。

(五)加强锻炼,增强身体素质,提高抗压力

强健的体魄有助于人们对抗压力,顺利度过压力的危机期。可以尝试以下三种方式来提高人应对压力的身体素质:(1)积极锻炼身体。身体是革命的本钱,拥有强健的体魄,就拥有了战胜困难的身体资本。教师可以经常进行体育锻炼,例如跑步、打球、骑车、游泳、散步、爬山等,使自己身体强健。(2)身体放松训练是一个很好的提高身体素质的方法。可以尝试着在一个安静的环境里,一个人静静地坐在舒适的椅子上,缓慢且均匀地呼吸,四肢放松,大约20—30分钟,每天放松一两次,可以减少压力带来的不良症状。(3)饮食也是一个不容忽视的方面。形成良好的饮食习惯不仅有利于身体健康,而且可以增强抗压能力。专家建议应补充富含B族维生素的食物(如杂粮、麦麸、全麦面包、动物内脏、瘦肉等),多吃碱性食物(如新鲜蔬菜和水果等),因为B族维生素是缓解压力的天然的解毒剂,而碱性食物可以平衡体内酸碱值,缓解疲劳、减轻压力。

(六)掌握简单的心理调节技术,提高自身心理素质,应对压力

面对强大的压力,默默承受、自我压抑并非良策,久而久之容易引发身心疾病。对于压力诱发的消极情绪,教师可以使用一些比较简单的技术进行及时的自我调适,如第二编提到的音乐调适法、运动调适法、兴趣调适法等,及时合理宣泄烦恼,保持情绪积极稳定。如果压力过大,借助自我的力量无力排解时,应进一步主动寻求心理医生

或专业人士的帮助和治疗,以避免更严重的身心问题的发生。

（七）积极寻求社会支持，运用团队的力量战胜压力

社会支持系统是个体应对压力的重要外部资源。已有心理学研究表明,社会支持水平会直接影响个体的心理健康水平,社会支持水平越高,心理健康水平越高,主观幸福感越强,心理症状越少。卡耐基也曾说过,人际关系在一个人成功的因素中占85％,这充分说明了社会支持系统对教师的重要性。当教师无法独自应对压力时,可以寻求社会支持系统的帮助。所谓社会支持系统是一组由个人接触所构成的社会关系网,透过这些关系网个人得以维持其认同,并获得情绪支持、物质援助、信息的社会支持等。个人社会支持系统主要包含三股力量,分别是血缘关系、亲密关系、社会关系。血缘关系主要指父母和兄弟姐妹;亲密关系主要是指伴侣和最亲密的朋友;社会关系则是包含最广泛的一个支持力量,也是效果和作用最少的一个力量,主要是指关系不太紧密的朋友、同学、工作关系的同事、客户等。

总之,新课程改革给教育的各个环节都带来了重大的变化,教师在其中不可避免地会感受到压力。对于这一压力,既然无法回避,也无法改变事实本身,就应积极应对,一方面做好心理调节,另一方面,学会把压力转化为成长的动力,通过不断地自我发展、自我完善与自我超越逐渐适应课改要求,最终成功驾驭,借此有效地缓解自己的心理压力,进而为新课程改革的成功创造有利条件。

视窗 12 - 3

五种情绪解压法

运动解压法:对沉默内向的人,"运动解压法"是最环保的也是最有效的舒缓压力的方式,尤其是带有搏击性质的运动(比如现在很多明星中间流行的打泰拳),更是最安全环保的排解坏情绪和怒火的好办法,一场下来,你会发现,坏脾气烟消云散了。

　　睡觉解压法：对乐观实际的人，用睡觉来解压比较适合。这些人主观性较强，很难听进别人的话，睡觉这种自我休养生息的方式是这类人独特的放松方式。

　　笑声解压法：还有些人喜欢用看喜剧片的方式排解压力，先让自己笑出来，最好是大笑，一旦笑神经被调动了，压力会有所释放，这种方法特别适合工作繁忙的白领人群。

　　周末效应减压法：建议白领一族合理地安排自己一周的工作时间：把简单轻松的工作尽量往周三之前排，压力最重的工作最好排在周四、周五，忙完周五，周末彻底休息。这样一来，一周的时间里，你的工作心情会维持在一个比较良好的状态上。

　　购物解压法：有些女性，喜欢使用购物宣泄坏情绪，缓解压力。虽然这不失为一个减压良方，但购物太昂贵，购买需谨慎，否则疯狂购物之后，新的压力恐怕又随之而来了！

　　适当的压力是上进的动力，过度的压力是人生的阻力。面对压力，我们不光要学会"放松"，更要锤炼自己的"自信"，毕竟，只有信任自己可以战胜一切难关，所有的难题才有可能真正地迎刃而解！遇到压力，别退缩。越退缩，它越欺负你！

　　[资料来源]新华网，http://news. xinhuanet. com/health/2010-05/261c_12143119. htm.

本书主要参考文献

(1) 芭芭拉·弗雷德里克森著,王珺译:《积极情绪的力量》,中国人民大学出版社,2010 年版。

(2) 白俊云、赵兴蓉、许秀峰:《D 型人格量表的信效度检验》,《中国心理卫生杂志》2007 年第 5 期。

(3) 陈建文、王韬:《压力应对人格——一种有价值的人格结构》,《西南大学学报》2008 年第 5 期。

(4) 陈国辉:《高校教师的压力现状与对策》,《人力资源开发》,2007 年第 6 期。

(5) 陈仲庚:《人格心理学》,辽宁人民出版社,1986 年版。

(6) 崔志刚:《教师人际关系和心理健康教育新探》,转引自百度文库。

(7)《挫折容忍力的测量与评估》,《新闻三昧》,2000 年第 2 期。

(8) 丹尼尔·戈尔曼著,杨春晓译:《情商:为什么情商比智商更重要》,中信出版社,2010 年版。

(9) 樊彩萍:《我国教师工资的统计分析与对策建议》,《教育发展研究》,2010 年第 21 期。

(10) 高军:《你的情商有多高》,《大家健康》,2010 年第 12 期。

(11) 高贵如:《高校教师压力分析及自我调适对策》,《高等农业教育》,2008 年第 8 期。

(12) 郭志峰:《初中骨干教师不合理信念与压力源的关系研究》,《健康研究》,2011 年第 6 期。

(13) 韩桐:《关于初三班主任职业压力的调查分析及改善对策的研究》,辽宁师范大学硕士学位论文,2010 年。

(14) 郝秀仙:《高中教师职业压力研究》,《山西师范大学学报(社会科学版)》,2008 年第 S2 期。

(15) 洪致扣:《克制怒气六计》,《班主任之友(中学版)》,2007 年第 11 期。

（16）黄立芳、张新军、颜红等：《高三教师压力水平与人格特质的关系》，《中国健康心理杂志》，2010 年第 11 期。

（17）黄希庭：《人格心理学》，浙江教育出版社，2002 年版。

（18）黄益远：《关于中小学教师职业压力的研究》，《教育与管理》，2002 年第 33 期。

（19）［美］Jerry M. Burger 著，陈会昌等译：《人格心理学》，中国轻工业出版社，2000 年版。

（20）教育部山东师范大学基础教育课程研究中心调研组：《高中课程改革的进展、问题与建议——基于山东省实验区的调查研究》，《山东师范大学学报（人文社会科学版）》，2006 年第 6 期。

（21）蒋宁：《工作压力理论模型述评》，《现代管理科学》，2007 年第 11 期。

（22）金忠明、林炊利编著：《走出职业倦怠的误区》，华东师范大学出版社，2006 年版。

（23）居蔚青：《上海市大学生生活方式对身心健康自评的回归分析》，华东师范大学硕士论文，2008 年。

（24）柯云路：《工作禅二十四式》，上海世界书局，2010 年版。

（25）理想：《减压减出好心情》，中国纺织出版社，2006 年版。

（26）李虹主编：《教师工作压力管理》，中国轻工业出版社，2008 年版。

（27）李海雷：《大连市高中青年教师职业压力研究》，辽宁师范大学硕士学位论文，2007 年。

（28）李金珍、王文忠、施建农：《积极心理学：一种新的研究方向》，《心理科学进展》，2003 年第 11 期。

（29）李莉莉：《新疆高校少数民族教师职业压力应对策略研究》，《晋城职业技术学院学报》，2010 年第 4 期。

（30）李希贵：《学生第二》，华东师范大学出版社，2007 年版。

（31）李先锋、李义安：《问题解决疗法：一种基于问题解决认知研究的心理咨询与治疗技术》，《健康心理学杂志》，2003 年第 5 期。

（32）李智红：《高中教师职业压力分析与对策研究》，东北师范大学硕士学位论文，2009 年。

（33）廖军和、金涛、李志勇：《基于文本分析的普通高中班主任工作研究———以 A 省 H 市 X 普通高中为例》，《淮南师范学院学报》，2011 年第 1 期。

（34）刘磊：《关于"新课改"中教师压力的调查研究》，《教育研究与实验》，2004 年第 3 期。

（35）刘晓明、孙文影编著：《教师心理健康教育》，中国轻工业出版社，2008 年版。

（36）刘辛：《大连市高中教师职业压力类型及其特点》，辽宁师范大学硕士学位论文，2004 年。

（37）刘志成：《论高校教师心理压力及其化解》，华中师范大学硕士学位论文，2003 年。转引自崔志刚：《教师人际关系和心理健康教育新探》，百度文库。

（38）林文瑞：《教师职业倦怠与教师的心理健康教育》，《福建师范大学学报（哲学社会科学版）》，2004 年第 6 期。

（39）罗恩·克拉克：《优秀是教出来的———创造教育奇迹的 55 个细节》，电子工业出版社，2008 年版。

（40）罗玉越、舒晓兵、史茜：《付出—回馈工作压力模型：西方国家十年来研究的回顾与评析》，《心理科学进展》，2011 年第 1 期。

（41）彭聃龄主编：《普通心理学》，北京师范大学出版社，2001 年版。

（42）钱家荣：《高中教师压力管理研究———以江苏省木渎高级中学为例》，苏州大学硕士论文，2007 年。

（43）秦玉洁：《旅顺口区高中班主任职业压力研究》，辽宁师范大学硕士学位论文，2009 年。

（44）［美］萨尔瓦多·麦迪、黛博拉·克沙巴著，姜玮、殷燕译：《顶住职场压力》，中信出版社，2009 年版。

（45）宋亚辉：《关于新课程改革背景下我国教师压力的研究》，《内蒙古师范大学学报》，2008 年第 8 期。

（46）苏霍姆林斯基：《帕夫雷什中学》，教育科学出版社，2007 年版。

（47）孙国玲、来伟：《教师要有正确处理人际关系的能力》，《新课程（中学版）》，2007 年第 4 期。

（48）孙慧：《关于教师职业压力负面影响的研究》，《教育探索》，2004 年第 10 期。

（49）孙玮：《重点高中教师职业压力来源与应对策略的研究》，东北师范大学硕士论文，2008 年。

（50）唐毅：《新时期教师心理挫折的成因与对策》，《教育导刊》，2002 年第 19 期。

（51）王晓红：《试论高校教师自我效能感及其提高策略》，《武汉职业技术学院院报》，2007 年第 2 期。

（52）魏成毓：《大学生人格特征与压力应对资源关系研究》，四川师范大学硕士论文，2003 年。

（53）薇琪吉尔：《你必须面对的 10 种学生》，中国轻工业出版社，2009 年版。

（54）魏青云：《新课程实施中教师压力：现状、成因与疏解》，《当代教育科学》，2004 年第 1 期。

（55）肖水源等：社会支持评定量表（SSRS），《心理卫生评定量表手册（1999—2010）》，王宇中主编，郑州大学出版社，2011 年版。

（56）许延礼、高峰强：《高中教师工作压力、心理健康及其关系的研究》，《山东理工大学学报（社会科学版）》，2003 年第 5 期。

（57）许延礼、高峰强：《高中教师工作压力源量表的初步编制》，《当代教育科学》，2003 年第 21 期。

（58）徐泽虹：《试论"新课改"中教师压力及其应对》，《乐山师范学院学报》，2005 年第 11 期。

（59）杨坤据：《小学班主任工作压力的调查研究》，新课程杂志社，2010 年版。

（60）姚丽芳：《高中教师压力缓解策略》，苏州大学硕士学位论文，2010 年。

（61）袁恒生：《高中教师工作压力的调查与分析——以泰州市普通高中为例》，苏州大学硕士学位论文，2010 年。

（62）于肖楠、张建新：《韧性（resilience）——在压力下复原和成长的心理机制》，《心理科学进展》，2005 年第 5 期。

（63）张浩：《如何面对生活中的压力》，光明日报出版社，2001 年版。

（64）赵建华：《中学教师职业压力及自我心理调控策略研究》，《心理科学》，2002 年第 3 期。

（65）郑雪:《人格心理学》,暨南大学出版社,2007 年版。

（66）周东明:《论积极心理学与幸福的教育》,《中国德育(第三卷)》,2008 年第 1 期。

（67）周月朗:《新课程实施中的教师压力及其管理策略》,《教师教育研究》,2006 年第 4 期。

（68）朱益明:《首期中小学骨干教师国家级培训全程评估研究概述》,《教师研究信息》,2000 年第 7 期。

（69）Bandura, A. (1971). Vicarious and Self-reinforcement Processes. In R. Glaser (Ed.), The Nature of Reinforcement, New York: Academic Press.

（70）Beck, A. T., & Emery, G. (1985). Anxiety Disorders and Phobias. New York: Basic Books.

（71）Fontana, D., & Abouserie, R. (1993). Stress Levels Gender and Personality Factors in Teaehers. British Joumal of Edueational Psyehology, 63, 261 - 270.

（72）Friedman, M. & Rosenman, R. H. (1974). Type A Behavior and Your Heart. New York: Knoph.

（73）Glogow, E. (1986). Research Note: Burnout and Locus of Control. Public Personnel Management, 15, 79.

（74）Kobasa, S. C., Maddi, S. R., & Courington, S. (1981). Personality and Constitution as Mediators in the Stress-illness Relationship. Journal of Health and Social Behavior, 22, 368 - 378.

（75）Lee, C., Ashford, S. J., & Bobko, P. (1990). Interactive Effeets of "TypeA" Behavior and Perceived Control on Worker Performanee, Job Satisfaction and Somatie Complaints. Academy of Management Journal, 33, 870 - 881.

（76）Meichenbaum, D. (1977). Cognitive-behavior Modification: An Integrated Approach. New York: Plenum.

（77）Lancaster, R. (1991). Learning to Cope with Stress Can Make You a Better (and Happier) Teacher. Teaching and Learning, 92, 5 - 11.

后记

教师的身心健康不仅关乎其自身的幸福,而且与学生的健康发展息息相关。作为"人类灵魂工程师"的教师最终要塑造身心健康、和谐发展的个体,如果教师自身都不健康,势必会通过不同的方式影响学生,甚至直接导致对学生的伤害,这样的案例不胜枚举。从某种程度上讲,教师的健康,尤其是心理的健康本身就是一种教育资源、一种教育生产力,教师良好的品格对塑造学生美好的心灵会起到"润物细无声"的作用;而教师的病态心理与行为也可能成为扼杀学生美好人生的"刽子手"!因此,关注教师,尤其是高中教师的心理健康,帮助其正确面对自己遭受的工作压力,并采取合理措施进行有效的应对与调整具有极其重要的现实意义和教育意义。但目前,对这一问题的关注还远远不够。这也正是我们编写此书的目的,在社会大环境暂时很难改变的情况下,我们希望从心理学的角度为正处在压力重压下的高中教师提供一些有效的个人调试策略,使他们能够积极面对所处的困境与问题,化压力为动力,避免或缓解因过大压力带来的消极影响,使我们的教师"奉献"但避免"牺牲","付出"而拒绝"枯竭","照亮"他人人生的同时也让教师自身体味到幸福与快乐!

基于上述想法,我们专门针对高中教师的职业与压力特点,编写了《高中教师减压手册》一书。该书共包括三编的内容:第一编为"基础篇",首先从总体上介绍了有关压力的基本知识(第一章:职业压力);分析了高中教师压力的现状、特点及主要的压力源(第二章:高中教师压力分析);简要介绍了职业压力的危害及简单的对策(第三章:高中教师压力的危害及对策)。第二编为"理论篇",主要从认知(第四章:调整认知,缓解压力)、情绪(第五章:调节情绪,释放压力)、意志(第六章:磨砺意志,对抗压力)、人格(第七章:完善人格,减少压力)、人际关系(第八章:管理人际,舒缓压力)、生活方式(第九章:健康生活,远离压力)等方面介绍了临床常用的各种应对压力的方法、途径与常用技术。第三编为"实战篇",主要针对高中教师几种特殊的、对高中教师影响比较大的压力源,结合第二编的基本方法与技术进行具体的、有针对性的分析、指导与说明(第十章:高中教师高考压力解析;第十一章:高中班主任压力调适;第十二章:课程改革与教师压力应对)。

本书在编撰的过程中得到了主编高峰强教授的大力支持与协助,从整本书框架的建构到各个章节内容的确定,从字句的斟酌到文稿的审校,从资料的选编到文献的引用等,都得到他的悉心指导和严格把关;而他敏捷的才思和严谨的文风也让该书力争做到理论与科普、严谨与趣味的和谐统一。此外,本书的完成也是所有参编人员分工协作、集体智慧的结晶。正是他们辛勤的付出与不懈的努力,才使本书的编撰任务得以顺利完成。全书分为基础、理论与实战三编,共十二章内容。各章具体撰写分工如下:第一章,盛园园;第二章,孙树慧;第三章,孙妮;第四章,高佳琳;第五章,祈冬燕;第六章,刘双双;第七章,刘平平;第八章,刘双双;第九章,高佳琳;第十章,吕晓敏;第十一章,盛园园、吕传鲲;第十二章,孙妮、高佳琳。全书成稿后,由主编陈英敏和副主编石雷山、吕传鲲共同完成统稿工作。在此过程中,研究生邓娜同学不辞辛劳,参与了部分章节的校对工作。在此,对各位老师、同学所付出的劳动深表谢意!

理想的教育应该是一个万物生长、百花齐放的春天!在这个美好的春天里,如果说学生是那些正在成长的花草树木的话,那教师就是广博的大地、肥沃的土壤、和煦的春风、柔和的细雨、灿烂的阳光……试想,如果那风是戾风,那雨是暴雨,艳阳不再,大地干涸,土壤贫瘠,又将是一副怎样的景象!没有春天般的心灵,不可能造就出明媚的春天。因此,虽然我们的水平十分有限,虽然这本书难免存在这样或那样的一些瑕疵,但我们的心灵是真诚的,我们的愿望是美好的,希望借此书能够给"战斗"在教育最前线、身心疲惫的高中教师送上一份心灵的鸡汤,衷心希望这些生命春天的创造者——可亲、可爱、可敬的老师们,珍爱自己,维护健康,为自己,也为学生,拥有一颗春天般的心灵! 也呼吁全社会都来理解他们,关爱他们,让大家一起努力,来创造一个健康快乐、绿意盎然的崭新的"春天"!

陈英敏　石雷山

2014 年 5 月 25 日

于山东师范大学心理学院

图书在版编目(CIP)数据

高中教师减压手册/陈英敏主编.—上海:华东师范大学出版社,2015.1
(教师职业发展与减压丛书)
ISBN 978-7-5675-3061-4

Ⅰ.①高… Ⅱ.①陈… Ⅲ.①高中-中学教师-工作负荷(心理学)-心理调节-手册 Ⅳ.①G635.1-62

中国版本图书馆 CIP 数据核字(2015)第 030863 号

教师职业发展与减压丛书

高中教师减压手册

主　　编	陈英敏
策划编辑	彭呈军
项目编辑	孙　娟
审读编辑	蓝先俊
责任校对	邱红穗
版式设计	崔　楚
封面设计	杜静静　陈军荣

出版发行	华东师范大学出版社
社　　址	上海市中山北路 3663 号　邮编 200062
网　　址	www.ecnupress.com.cn
电　　话	021-60821666　行政传真 021-62572105
客服电话	021-62865537　门市(邮购)电话 021-62869887
地　　址	上海市中山北路 3663 号华东师范大学校内先锋路口
网　　店	http://hdsdcbs.tmall.com

印 刷 者	昆山市亭林彩印厂有限公司
开　　本	787×1092　16 开
印　　张	16.75
字　　数	237 千字
版　　次	2015 年 4 月第 1 版
印　　次	2015 年 4 月第 1 次
书　　号	ISBN 978-7-5675-3061-4/G·7920
定　　价	34.00 元

出 版 人	王 焰

(如发现本版图书有印订质量问题,请寄回本社客服中心调换或电话 021-62865537 联系)